祐真朋樹の
衣装部屋へようこそ

Welcome to my closet!
Autumn - Winter

はじめに

　約30年前、僕はひょんなきっかけでこの業界に足を踏み入れた。それまでは、故郷の京都で薬品卸会社の営業をしながら、夜になるとセレクトショップのスタッフやクラブの友人たちと気に入った服を着て遊びに行っていた。それが突然、情報を発信する側に立ったのである。つまり、ずっと親しい人たちの間だけで楽しんでいた趣味のファッションが、その瞬間、仕事になった。僕はできれば、好きなことで飯を食いたいと思っていた。そして自分の仕事で誰かを楽しませることができたら最高だと思っていた。でも、東京に来て、最初は何をどうすればいいのか皆目わからなかった。周りには高学歴の編集者がごろごろいる。そんな中で、僕が存在価値をもつにはどうしたらいいのか？　珍しく真面目に考えた。でも、考えれば考えるほど、なんでもそつなくこなす編集者と勝負するなんてことは意味のないことに思えてきた。僕がしたいことは「格好いい」を追求することだ。ならそれに邁進すればいい。それしか僕の生きる道はない。上京3カ月で、僕は腹をくくったのである。

　それから実に30年がたった。好きなことに邁進したおかげで、僕はあきれるほどの衣装持ちになった。自宅の一部屋を衣装部屋に改造し、もともとウォーク・イン・クロゼットとして作られていたスペースは当然のごとくクロゼットである。それでもまったく足りずに、広いトランクルームを2カ所に借りている。たまにトランクルームを見に行くと、われながらよくも集めたものだとちょっと落ち込む。これまではもっぱらマイ・アーカイブとしてストックする一方だったが、50歳になったのを機に、これからは古いものも引っぱりだして、新しいものと組み合わせて着たいと思っていた。名づけて「マイ・オウン・ヴィンテージ・ミックス」。25年前のラグジュアリーブランドにMUJIのTシャツを合わせたりして着たいな、と思っていたそのタイミングで、この本の話をいただいた。この本は、単なる僕のスタイリング提案ではない。30年分の過去を振り返り、これからの30年（？）をよりよく着まくるための契機となる本となった。見る人にも楽しんでもらえたらいいな、と願っている。

CONTENTS

P.6 **10月1日 ≫ 10月31日**

P.17　　My Archive #01　　特別な思い入れのあるパッチワークジャケット
P.23　　Something Extra #01　　6センチ幅にこだわったタイ

P.26 **11月1日 ≫ 11月30日**

P.35　　Something Extra #02　　時計にまつわる思い出いろいろ
P.41　　My Archive #02　　ラフ・シモンズにもらったブルゾン

P.46 **12月1日 ≫ 12月31日**

P.55　　My Archive #03　　ジョン・ガリアーノの刺繍ジャージー
P.61　　Something Extra #03　　見えないところで楽しむシマシマ

P.66 **1月1日 ≫ 1月31日**

P.75　　My Archive #04　　エディ・スリマンは変わらない

P.86 **2月1日 ≫ 2月29日**

P.91　　Something Extra #04　　スニーカーに対する僕の悩みの解決法
P.95　　My Archive #05　　トム・フォードは偉大なり
P.105　　My Archive #06　　眺めのいいジャケット

P.106 **3月1日 ≫ 3月31日**

P.113　　Something Extra #05　　無印良品のTシャツは肌着として愛用中
P.119　　My Archive #07　　一度も着ていないブルース・ウェーバーT

※服・小物はすべて本人の私物です。一部のものを除き、現在では取り扱いはありませんので、問い合わせはご遠慮ください。

10
OCTOBER

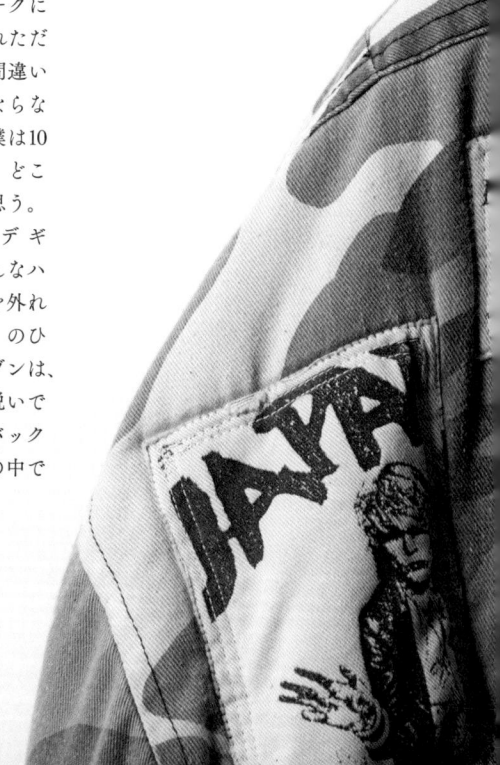

　10月は、僕が一年でいちばん好きな月だ。なぜなら、暑くも寒くもなく、心身ともに健康で爽やかな気分でいられる月だから。暦の上では秋なのだろうが、本格的な秋物を着るにはちょっとまだ早い。うっかりしていると、8月の格好のまま10月を迎える人もたくさんいると思う。でも真夏に比べればずっと我慢が可能な状況なのだからして、僕はトレンチコートやジャケットを「着たい」という気持ちを抑えることはできない。多少暑苦しかろうが、そんなのはへっちゃらだ。我慢して着る。
　我慢といえば、この業界に入って最初にびっくりしたのは、暑い時期に秋冬物を撮り、極寒の季節に春夏物を撮るということだった。雑誌のルーティンを考えれば当然のことなのだが、「ファッション業界ってヘンなの」と思いながら30年やってきた。モデルは猛暑のピークに冬物のコートを着なければならない。美しく生まれただけでラクして稼げてラッキーだなとと思ったら大間違いで、ヘタしたら真冬のビーチで水着を着なければならないのがモデルの仕事だ。まあ、それを考えれば、僕は10月にコートを着るだけのことだけど、なんとなく、どこかでちょっとだけ無理をしていたい性分なのだと思う。
　さて、写真はラフ シモンズのブルゾン。コム デ ギャルソンのパンクTシャツを合わせた。僕は、こんなハートをもった男でありたいと思っている。人の道を外れるようなことはしないけれど、心の隅に〈REBEL〉のひと文字をもつ男、みたいな。ラフ シモンズのブルゾンは、彼が何年か前に日本に来たときに着ていたものを脱いで僕にくれたもの。マイ・クロゼットには、そんなバックグラウンドをもつ宝物が何点かある。これは、その中でも破格のサプライズアイテムだ。
Raf, Thank you soooooo much！

jacket: RAF SIMONS / t-shirt: COMME des GARÇONS

10月1日
THURSDAY

春夏から好んで着ていたデニムのセットアップ。愛用のサングラスをなくしてしまい、しぶしぶ色違いを購入したが、秋はこっちの色のほうがいいかも。何事もポジティブに、が僕のおしゃれの信条です。

denim shirt, denim pants: MARNI / t-shirt: NOM DE GUERRE / sunglasses: CUTLER AND GROSS / belt: BEST MADE / socks: Tabio / sneakers: CONVERSE (JACK PURCELL)

10/2 FRI.
Grooming at "BARBER BOYS".
Looks good, don't you think?

10月3日
SATURDAY

マイケル・タピア、鈴木大器さんに吉田克幸さん。アメリカのファッションを知り尽くした人たちの才能が結集したルック。大好きなヴァンズのオーセンティックは黒のソールがいい。

10月4日
SUNDAY

カーキのブッシュパンツ＆スウェットシャツの、典型的な日曜日ルック。なるべくビニール傘はさしたくないので、フォックスで傘をオーダーした。絶対になくさないよう、細心の注意を払っています。

shirt: ENGINEERED GARMENTS / t-shirt: Porter Classic / pants: Tapia LOS ANGELES / glasses: THOM BROWNE EYEWEAR / belt: BEST MADE / socks: SKATERSOCKS / sneakers: VANS

sweat shirt: HELLER'S CAFE / t-shirt: LEITH / pants: CORONA / glasses: THOM BROWNE EYEWEAR / belt: BEST MADE / socks: SKATERSOCKS / sneakers: adidas(STAN SMITH) / umbrella: FOX UMBRELLAS

10月5日
MONDAY

2014年からよく着ているボンディングスウェットに10年くらい前のガリアーノのブッシュパンツ、ラフ シモンズのスタンスミス。全部カジュアルだけど、デザイナーズもの。

10月6日
TUESDAY

アメリカンな感じのTシャツ&ベストに、あえてロエベのストレートのジーンズを合わせてみた。裾は少しだけロールアップして白を効かせている。

sweat shirt: VALENTINO / pants: JOHN GALLIANO / sunglasses: CUTLER AND GROSS / socks: SKATERSOCKS / sneakers: adidas by RAF SIMONS (STAN SMITH)

vest: NVy by F.A.T / t-shirt: THOM BROWNE. / denim pants: LOEWE / glasses: THOM BROWNE EYEWEAR / socks: UNIVERSAL PRODUCTS / sneakers: VALENTINO

10月7日
WEDNESDAY

トッド スナイダーのタキシードスーツは、ジャージーのように楽に着られるから「イージー・タキシード」と呼んでいる。秋は少し冒険して、足元をアディダスのマイクロペーサーに。

suit: TODD SNYDER / t-shirt: The Pedal Pushers Club / glasses: THOM BROWNE EYEWEAR / socks: SKATERSOCKS / sneakers: adidas(MICROPACER)

10月8日
THURSDAY

'90年代に買ったラフ シモンズのパーカはシルエットがいいのか、タイムレスな魅力がある。ローファーはロンドンのスケーター集団が手がけるパレスのもの。ちなみに僕はスケートはしません。

hooded parka: RAF SIMONS / t-shirt: SLEEPY JONES / pants: Tapia LOS ANGELES / belt: BEST MADE / socks: SKATERSOCKS / shoes: PALACE / document case: LOUIS VUITTON

10月9日
FRIDAY

1年くらい前からハマっているボンディングのスウェットに、ランバンのスニーカー。このスニーカーの何がいいって、ドレッシーな光沢感。ちょっとしたパーティならこれで行けてしまう。

10月10日
SATURDAY

オフの土曜日。今日は出かけないと決めた。デニムとスニーカーを、ランバンで揃える。一年のうち、昔から10月が最も体調がいい季節で、やる気満々になる。

hooded parka: T BY ALEXANDER WANG / t-shirt: COS / denim pants: LOEWE / glasses:THOM BROWNE EYEWEAR / belt, sneakers: LANVIN / socks: SKATERSOCKS

shirt: BEDWIN & THE HEARTBREAKERS / t-shirt: COMME des GARÇONS / denim pants, sneakers: LANVIN / socks: J.CREW

10月11日
SUNDAY

レム・コールハースの『錯乱のニューヨーク』を読む。NYには実に100回以上訪れているのに、気づいてなかったことがたくさんあって面白い。しかし休みの日はパーカばかり着ている気がする。

hooded parka: Inpaichthys kerri / t-shirt: THOM BROWNE. / pants: PRADA / glasses: THOM BROWNE EYEWEAR / bandanna: UNKNOWN / belt: BEST MADE / socks: JOHN SMEDLEY / sneakers: CONVERSE(CHUCK TAYLOR)

10月12日
MONDAY

この日のポイントは、実はジャケットの下に着た白のTシャツ。ドレッシーな素材感とスウェットライクなデザイン、白の色味がいい感じだと思う。アイビーの基本、ネイビーJKとグレーパンツで。

jacket: dunhill / t-shirt: albam / pants: LOEWE / glasses: THOM BROWNE EYEWEAR / scarf: vintage from Netherlands / belt, sneakers: LANVIN / socks: Tabio

10月13日
TUESDAY

憧れだけで着ているG9。いつかこれをさらりと着られる男になりたい。憧れのほうがまだ強いか…。この地味な「オヤジベージュ」をいかにカッコよく着られるか、これは僕の人生の大命題である。

10月14日
WEDNESDAY

大好きなバスキアの、恐竜の絵が描かれたニット。コレクターズアイテムのようなノリで買った一枚。ルシアン・ペラフィネ本人の着こなしを真似したような格好で着てみる。

blouson: BARACUTA / t-shirt: COMME des GARÇONS / pants: Tapia LOS ANGELES / glasses: THOM BROWNE EYEWEAR / belt: BEST MADE / socks: SKATERSOCKS / shoes: PALACE

knit: lucien pellat-finet / t-shirt: V&A × Alexander McQueen / denim pants: LANVIN / sunglasses: CUTLER AND GROSS / belt: TODD SNYDER / handkerchief: UNKNOWN / socks: UNITED ARROWS / sneakers: TOM FORD

10月15日
THURSDAY

ホワイトデニムに白いペイントを施したパンツは、「メンズノンノ」誌創刊25周年・ビームス30周年を記念して作ったもの。白いパンツは尻が汚れるとカッコ悪いから、なるべく立っていようって思う。

sweat shirt: VALENTINO / t-shirt: COS / pants: BEAMS× MEN'S NON-NO × TOMOKI SUKEZANE / glasses: THOM BROWNE EYEWEAR / belt: BEST MADE / socks: Corgi / shoes: PALACE

10月16日
FRIDAY

朝、服を選ぶ時間がなかったりして、あえて前日と似た格好をすることがある。この日もそう。ただし色味は似てるけど、テイストは全然異なる。こういうことを楽しむのも、自分なりのおしゃれ。

sweat shirt: HELLER'S CAFE / t-shirt: LEITH / pants: Care label / glasses: THOM BROWNE EYEWEAR / belt: BEST MADE / socks: SKATERSOCKS / shoes: PALACE

My Archive #01
DOLCE & GABBANA

特別な思い入れのあるパッチワークジャケット

確か1992年だったと思う。当時ドルチェ&ガッバーナに夢中だった僕は、ブランドの背景を知りたくなって、わざわざシチリアを訪れた。パレルモに行けばドルチェの服がたくさん買えるはず、と思ったら全然なくて、街の人に「はあ?」と言われたことを思い出す。このパッチワークのジャケットは、結局ロンドンで購入。その後どこかのショー会場で、あのスージー・メンケスから「そのジャケットのブランド名を教えてほしい」と聞かれた名品だ。

10月17日
SATURDAY

地元の京都へ墓参りに。京都にはプライベートで年に2回は必ず帰る。というわけでそれなりにちゃんとした着こなし。ドット柄が好きなので、RRLのクロージングラインのタイをつけた。

jacket: dunhill / shirt: AT LAST & CO. / pants, sneakers: TOM FORD / glasses: THOM BROWNE EYEWEAR / tie, pocket squire: RRL / tie bar: THOM BROWNE. / belt: PRADA / socks: Tabio / briefcase: LOUIS VUITTON

10月18日
SUNDAY

東京に戻り、友人のバースデイパーティに参加。ミラノで買ったトム フォードのジャケットは、ラフに着たいと思って、自宅で洗って乾燥機に。失敗することもあるけど、これは成功例の一つ。

jacket, shirt, tie: TOM FORD / pants: AT LAST & CO. / glasses: THOM BROWNE EYEWEAR / pocket squire: BOTTEGA VENETA / belt, sneakers: LANVIN / cuff links: SAINT LAURENT / socks: PRADA

10月19日
MONDAY

サンローランのデザイナーがエディ・スリマンに替わって最初のコレクションで、何を買うか悩んだ末に選んだダブルのジャケット。ネイビー、金ボタンでも子どもっぽく見えないのがポイント。

jacket: SAINT LAURENT / shirt: MARNI / pants: BEAMS / hat: UNUSED / glasses: THOM BROWNE EYEWEAR / scarf: MARGARET HOWELL / belt: PRADA / socks: SKATERSOCKS / shoes: LOEWE

10月20日
TUESDAY

ジャケット連続4日目。ネイビージャケットって僕にとってとても大事なもの。人間自身がドレスダウンしちゃってるから(笑)、そのぶん服で補いたい、という気持ちがあるんだと思う。

jacket: dunhill / shirt: HOLLAND ESQUIRE / pants: LOEWE / glasses: THOM BROWNE EYEWEAR / scarf: RRL / belt, sneakers: LANVIN / socks: UNITED ARROWS / bag: Church's

10月21日
WEDNESDAY

シャルベでオーダーしたシャツをクルーネックのニットと合わせる。そんなスクールボーイテイストの着こなしにハマっている。残念ながら、昔からカーディガンは似合わない。

knit: VALENTINO / shirt, cuff links: Charvet / denim pants: DELUXE / glasses: CUTLER AND GROSS / tie: Dior HOMME / belt: TODD SNYDER / socks: SKATERSOCKS / boots: ANATOMICA × Alden

10月22日
THURSDAY

雑誌「UOMO」の創刊10周年記念パーティに出席。ヴァレンティノのディープブルーのタキシードはパンツのシルエットがシャープじゃないので、丈を短くしてスニーカーを合わせることが多い。

jacket,pants,scarf: VALENTINO / shirt: Charvet / glasses: THOM BROWNE EYEWEAR / collar pin:COMME des GARÇONS / belt: PRADA / cuff links: UNKNOWN / socks: SKATERSOCKS / sneakers: CONVERSE (CHUCK TAYLOR)

10月23日
FRIDAY

続いて、仲よしの編集者の誕生日パーティ。花はよく買う。たいていは赤いバラ。情熱的だし、おめでとう感もあるので。ベルルッティのディープブルーのスーツはまさにイタリアンな世界。

three-piece suit, shirt: Berluti / glasses: THOM BROWNE EYEWEAR / bow tie: Drake's / pocket squire: Charvet / socks: PRADA / shoes: GEORGE CLEVERLEY

10月24日
SATURDAY

僕が持っているタキシードは、すべて黒じゃなくディープブルー。これはロンドンで誂えたトラディショナルな正統派で、サスペンダーが必須。正装して、今日は親戚の結婚式だ。

suit, shirt, bow tie: Timothy Everest / pocket squire: Charvet / braces: albert thurston / socks: PRADA / shoes: JOHN LOBB

10月25日
SUNDAY

怒濤のパーティ・デイズが終了したので、みうらじゅんさんの文庫本を持って代々木公園でぼんやり。12年前に買って以来放置していたジーンズを引っぱりだして、はいてみる。

10月26日
MONDAY

グレーのジーンズ、チェックのシャツ、ベルト、スニーカーとすべてランバンでまとめてみた。タイトなシャツを一枚で着るのはちょっと気恥ずかしいので、肩からニットを掛ける。

knit: VALENTINO / shirt: THOM BROWNE. / denim pants: MARC JACOBS / glasses: THOM BROWNE EYEWEAR / belt: J&M DAVIDSON / socks: SKATERSOCKS / sneakers: CONVERSE(CHUCK TAYLOR)

shirt, denim pants, belt, sneakers: LANVIN / knit: VALENTINO / glasses: CUTLER AND GROSS / socks: UNITED ARROWS

10月27日
TUESDAY

昨日と同じランバンのジーンズ。ドレッシーな要素があって、グレースラックスのような感覚ではける。今日はグレーのワントーンでシックにまとめて、ハットをアクセントに。

Something Extra #01

6センチ幅に
こだわったタイ

アメリカの歴代大統領も愛用していることで有名な、ナポリの老舗タイブランド、マリネッラ。そのマリネッラでオーダーメイドのタイを作ったことがある。当時ディオール オムの服にハマっていた僕は、超ナローな6センチ幅に固執した。マリネッラのタイは伝統的太めが主流だから、職人さんはかなり面食らったことだろう。でも、3カ月後に届いたタイの出来映えには大満足。とにかく結び目が素晴らしくきれいに仕上がるのだ。数本オーダーした中で、やっぱり使用頻度が高いのはドット柄。

knit: Dior HOMME / shirt: THOM BROWNE. / denim pants: LANVIN / hat: UNUSED / glasses: THOM BROWNE EYEWEAR / belt: J&M DAVIDSON / socks: SKATERSOCKS / shoes: PALACE

10月28日
WEDNESDAY

トム ブラウンのシャツは10枚ほど持っている。最近買ったものは、グリーンの色味がお気に入り。グレーのスラックスとの、淡い色合わせがいい。白のジャックパーセルで足元は軽快に。

shirt: THOM BROWNE. / knit: VALENTINO / pants: LOEWE / glasses: THOM BROWNE EYEWEAR / belt: BEST MADE / socks: Tabio / sneakers: CONVERSE (JACK PURCELL)

10月29日
THURSDAY

今日の靴はグリーンのチャックテイラー。足元で色を足すことはスニーカーじゃないとできないので、積極的に取り入れている。ニットは重ね着しているように見えて実は一枚の仕様。

knit: PRADA / pants: LOEWE / glasses: THOM BROWNE EYEWEAR / belt: BEST MADE / socks: Dè Pio / sneakers: CONVERSE(CHUCK TAYLOR)

10月30日
FRIDAY

仕事の打ち上げで若いスタッフと飲むことになったので、爽やかなテニスボーイを装って自宅を出る。タッターソールのシャツはマルニ。チェックシャツはきちっと着るのが好きなタイプ。

10月31日
SATURDAY

ここ数日、ロエベのグレーのパンツばっかりはいている。一度そういう気分になると、何日も同じものを着てしまうのは昔から。今日は爽やかな一日を過ごしたくて、ボーダーニットを選んだ。

shirt: MARNI / knit: THOM BROWNE. / pants: LOEWE / glasses: THOM BROWNE EYEWEAR / belt: BEST MADE / socks: Tabio / sneakers: adidas by RAF SIMONS (STAN SMITH)

knit: PRADA / t-shirt: have a good time / pants: LOEWE / glasses: CUTLER AND GROSS / scarf: Budd / belt: BEST MADE / socks: SKATERSOCKS / sneakers: adidas

11
NOVEMBER

　11月は、大好きな10月が終わってしまったという感慨にふける月である。「また一年、10月を待ちわびて過ごさねば」と、柄にもなく切ない気持ちになる。まあ、実際のところ、10月と11月はそれほどの気候差はないのだけれど。…が、"年の瀬"は容赦なく押し寄せてくる。クリスマスやらイヤーエンドやらのパーティの案内状が届き始め、と同時に雑誌は年末進行へ。なんだかんだと気ぜわしくなり、毎年11月はさしたる印象もないまま、通り過ぎていく感じだ。
　で、そんな慌ただしい空気に流されつつも、秋の深まりとともにスーツを着る日が増えていく。ネイビーやチャコールのスーツを着ると、ちょっとピュアな気持ちが甦ってくるのがたまらない。スーツにはドットのタイだ。ドット好きは高校生の頃からであり、多分これからもずっと、死ぬまでドットが好きだと思う。…いや、もちろんほかの柄のタイもするに決まっているんだけどね。
　そしてスーツにタイとくれば、次はシャツだ。大人の男は、ちゃんとした場所では襟付きのシャツを着なければならない。なのに僕は22歳のとき、格式のあるレストランでのディナーに、こともあろうにTシャツを着て臨んでしまったことがあった。それも一度ならず数回も。誰も注意してくれるわけではないので、それがNGであることを理解するのにずいぶん時間がかかった。その反省から、僕はそういう席では必要以上にドレスアップするようになった。僕のような中身の男は、それくらいでちょうどいいのである。でも僕も50歳になり、少しだけドレスダウンしてみたくなった。例えば目いっぱいドレスアップして、サンローランのスケート靴で颯爽と3ツ星レストランに登場するとか、ね。いや、さすがにそれはないか。…というかスケートの練習しないと。

shoes: SAINT LAURENT

11月1日
SUNDAY

ドーメルの生地を使った、「気合」のオーダースーツでジャズライブへ。チャコールグレーの2つボタン。スーツには白シャツが基本だけど、僕はブルーのクレリックシャツを合わせるのも好き。やっぱり遊びがないとね。

suit: DORMEUIL / shirt: Charvet / glasses: THOM BROWNE EYEWEAR / tie: RRL / pocket squire: UNKNOWN / belt: PRADA / cuff links: UNKNOWN / socks: Pantherella / boots: GEORGE CLEVERLEY

11月3日
TUESDAY

今週は日替わりでいろんなスーツを着ることに。山登りにでも行かない限り、スーツは自由に着たいときに着ている。シャープなシルエットのスーツとシャツはいずれもオーダーメイド。

11月4日
WEDNESDAY

バレンシアガのネイビースーツは、ジャケットのシルエットが抜群にきれい。パリで購入した。モード感の強いスーツは、タイドアップせずにタートルニットなんかを合わせることが多い。

suit, shirt: Dior HOMME / glasses: THOM BROWNE EYEWEAR / tie: E.MARINELLA / pocket squire: UNKNOWN / belt: PRADA / socks: Pantherella / boots: GEORGE CLEVERLEY

suit: BALENCIAGA / knit: NICK TENTIS / scarf: DOLCE&GABBANA / socks: PRADA / boots: ANATOMICA×Alden

11月5日
THURSDAY

今日はウエストベルトがついたドリス ヴァン ノッテンのスーツで。ネイビー地にブルーのストライプ、厚手のウール、太めのパンツ。作業着のようなニュアンスもある男っぽい服。

suit: DRIES VAN NOTEN / shirt: LOUIS VUITTON / sunglasses: LANVIN / bow tie, socks: Budd / boots: GEORGE CLEVERLEY

11月6日
FRIDAY

金曜日。今週は本当にスーツしか着なかった。それにしても、僕はなんでこんなにネイビーのスーツが好きなんだろうか…。マルニのスーツは「どこのブランド？」といろんな人に聞かれる。

suit: MARNI / knit: DOLCE&GABBANA / glasses: THOM BROWNE EYEWEAR / bow tie in the chest pocket: kolor / scarf: MARGARET HOWELL / socks: PRADA / boots: ANATOMICA×Alden

11月7日
SATURDAY

毎日スーツを着るのは楽しかったけど、仕事はしんどかった。疲れのたまった土曜日は、安心感のある黒いタートルニットとリジッドのジーンズで。グラスコードがアクセント。

knit: roberto collina / denim pants: Care label / glasses: CUTLER AND GROSS / socks: PRADA / shoes: ANATOMICA×Alden

11月8日
SUNDAY

昨日と同じタートルを、今度は白のジーンズと合わせた。本屋さんに行こうと思ったら突然の雨。そんなときはトレンチコートの出番となる。トレンチとホワイトジーンズの組み合わせは大好き。

knit: roberto collina / coat: BURBERRY / pants: Care label / sunglasses: CUTLER AND GROSS / socks: SKATERSOCKS / shoes: J.M.WESTON

11月9日
MONDAY

今度は黒タートルの気分になってしまった。グレーツイードのパンツを合わせて都会っぽい自分とカントリータッチな自分、その両方を狙ってみた。

11月10日
TUESDAY

仕事が午前中で終わったので、白金台の庭園美術館にふらっと出かけた。たまに、無性に真っ黒な格好をしたくなるときがある。偶然だけど、ギャラリーの空間には似合っていた。

knit: roberto collina / pants: DELUXE / glasses: THOM BROWNE EYEWEAR / belt: LANVIN / socks: PRADA / shoes: ANATOMICA × Alden

knit: roberto collina / coat: HERMÈS / denim pants: DELUXE / glasses: THOM BROWNE EYEWEAR / belt: TODD SNYDER / socks: PRADA / boots: ANATOMICA × Alden

11月11日
WEDNESDAY

今日は仕事的にビシッとしたくなったので、トムフォードのスーツで。ニューヨークのブティックがオープンしたその日に、一番目の客としてオーダーした変形グレンチェック。

11月12日
THURSDAY

続いてドーメルのグレンチェックのスーツ。1960～'70年代の生地を使っている。オーダーメイドの服にはタイムレスな魅力があり、トレンドと関係なく着続けている。

three-piece suit, shirt: TOM FORD / glasses: THOM BROWNE EYEWEAR / tie: DOLCE&GABBANA / cuff links: UNKNOWN / socks: PRADA / boots: ANATOMICA × Alden

suit: DORMEUIL / shirt: Charvet / glasses: THOM BROWNE EYEWEAR / tie: RRL / pocket squire, cuff links: UNKNOWN / socks: Pantherella / boots: GEORGE CLEVERLEY

11月13日
FRIDAY

早朝から乗鞍高原にロケ。ルイ・ヴィトンのダウンコートの下に、さらに薄手のダウンジャケットを重ね着して寒さ対策は万全に。パンツ、ブーツはいずれもロケ専用アイテム。

Something Extra #02

時計にまつわる思い出いろいろ

初めて「ちゃんとした」時計を買おうと思ったのは、30歳の誕生日のとき。いつも僕の誕生日はパリコレ期間中なので、空き時間にヴァンドーム広場のカルティエに飛び込んで、「パシャ」を購入した。その後、家族から贈られたリミテッドエディションの別のパシャをNYのホテルで盗まれ、以来、高級時計には興味ナシ。最後に時計を買ったのは、40歳の誕生日のとき。パリのエルメスで、時差ボケと酒の勢いで買ったのが、写真中央のものだ。ちなみに今は、時計はめったにつけない。

coat: LOUIS VUITTON / zipped jersey top, pants, belt: PRADA / t-shirt: Patricia Field / sunglasses: Ray-Ban / neck warmer: LANVIN / gloves: JIL SANDER / socks: SKATERSOCKS / boots: RED WING

11月14日
SATURDAY

ベルルッティのスーツは、僕の大好物であるネイビーの杉織り。改まった席に向いてるスーツなんだけど、今日は撮影だから水色のコンバースで爽やかにドレスダウン。

11月15日
SUNDAY

バレンシアガのスーツにグリーンのコンバース。チャックテイラーは今年になって色違いでまとめ買いした。最初に買ったのはイエローで、その後3足追加したという次第。

three-piece suit: Berluti / knit: DRIES VAN NOTEN / glasses: THOM BROWNE EYEWEAR / belt: TOM FORD / socks: SKATERSOCKS / sneakers: CONVERSE (CHUCK TAYLOR) / bag: BOTTEGA VENETA

suit: BALENCIAGA / knit: BOTTEGA VENETA / sunglasses: GUCCI / socks: SKATERSOCKS / sneakers: CONVERSE(CHUCK TAYLOR) / bag: PIERRE HARDY

11月16日
MONDAY

とある男性誌のイベントのため、福岡へ日帰り出張。飛行機移動のときに必ず持つボッテガのトートは、かれこれ15年以上愛用している、いちばん好きなバッグ。キャラメル色も所有。

11月17日
TUESDAY

毎日、ネイビーのスーツにいろいろなタートルニット、そして色違いのチャックテイラーを合わせている。ディオール オムのスーツはかなりタイトだから、ハイカットを合わせる。

suit: MARNI / knit: roberto collina / glasses:THOM BROWNE EYEWEAR / socks:SKATERSOCKS / sneakers: CONVERSE(CHUCK TAYLOR) / bag: BOTTEGA VENETA

suit: Dior HOMME / knit: DRIES VAN NOTEN / glasses: THOM BROWNE EYEWEAR / pocket squire: UNKNOWN / socks: SKATERSOCKS / sneakers: CONVERSE(CHUCK TAYLOR)

11月18日
WEDNESDAY

2003年、アレキサンダー・マックイーンをロンドンで取材したときに、彼が紹介してくれたサヴィルロウのテーラーがハンツマン。ジャケットの着丈が長い、クラシカルなデザイン。

suit: HUNTSMAN / knit: TOM FORD / glasses: THOM BROWNE EYEWEAR / pocket squire: BOTTEGA VENETA / socks: Corgi / boots: GEORGE CLEVERLEY

11月19日
THURSDAY

ターンブル&アッサーのド派手なタイが大好きだ。クラシカルなハンツマンのスーツもイメージが一変する。会う人会う人に突っ込まれるけど、服に関するコミュニケーションは嫌いじゃない。

suit: HUNTSMAN / shirt: RALPH LAUREN / glasses: THOM BROWNE EYEWEAR / tie: Turnbull & Asser / pocket squire: BOTTEGA VENETA / cuff links: Charvet / socks: Budd / boots: HERMÈS

11月20日
FRIDAY

スーツはインナーに何を合わせるかで、本当にさまざまな着方ができる。今週はハンツマンのスーツの可能性を探っているというわけだ。地味だけどモダンな、ベージュのワントーン。

suit: HUNTSMAN / knit, pocket squire: BOTTEGA VENETA / glasses: THOM BROWNE EYEWEAR / socks: Berluti / boots: GEORGE CLEVERLEY / umbrella: FOX UMBRELLAS

11月21日
SATURDAY

華やかな場で、面白いキャラクターを求められていると感じたとき。または自発的に「壊れたい」と思ったとき(笑)、ボウタイに手が伸びる。ボウタイは圧倒的にドット派です。

suit: HUNTSMAN / shirt: Charvet / glasses: CUTLER AND GROSS / bow tie: Turnbull & Asser / pocket squire: BOTTEGA VENETA / socks: Pantherella / boots: HERMÈS

11月22日
SUNDAY

かつてロンドンのバーバリーでトレンチコートをオーダーしたとき、頑固そうな職人さんに「バーバリーはジャケットの上から着るものだ」と教わった。以来、トレンチにはスーツが基本だ。

coat: BURBERRY / three-piece suit, shirt, tie, boots: TOM FORD / cuff links: SAINT LAURENT / socks: PRADA

My Archive #02
RAF SIMONS

ラフ・シモンズにもらったブルゾン

来日したラフ・シモンズと初めて会ったのは、確か1998年頃のことだったと思う。オーバカナルで一緒に飲んだりした。次に会ったのは、2006年頃。ちょうど某男性誌でラフ・シモンズの特集を撮影した後だったので写真を見せたところ、かなり気に入ってくれた。そのとき本人が着ていたカモフラ柄のブルゾンを何げなくほめたら、「あげるよ」って脱いでくれたのがこれ。つまり、本人私物です。これぞ正真正銘の、コレクターズアイテム。

11月23日
MONDAY

基本的にジーンズはリジッドをはくことがほとんどだが、このRRLは例外。この野暮ったさが、ジャケットとチルデンニットに対してドレスダウンの効果を果たしている。

jacket, knit, shirt: THOM BROWNE. / denim pants: RRL / glasses: THOM BROWNE EYEWEAR / socks: SKATERSOCKS / sneakers: adidas by RAF SIMONS (STAN SMITH)

11月24日
TUESDAY

チェックにもいろいろあるけれど、僕が最も好きなのはブラックウォッチ。なんといっても黒と緑の配色がいい。白のボタンダウンシャツとジーンズのスクールっぽい着こなしがよく似合う。

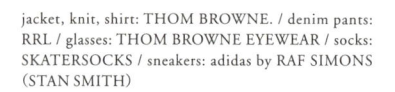

knit: VALENTINO / shirt: THOM BROWNE. / denim pants: RRL / glasses: THOM BROWNE EYEWEAR / belt: BEST MADE / socks: Tabio / shoes: PALACE

11月25日
WEDNESDAY

トム ブラウンのツイードスーツは、「スーツ＝ビジネスマンとは限らない」という価値観の窓口になる存在だと思っている。適度なコスプレ感のある、「人を楽しませる服」だ。

11月26日
THURSDAY

今日もトラッドなスーツスタイルの気分。ヴァレンティノにハマるきっかけとなった、大好きなブラックウォッチのスーツに、インは白いシャツとクルーネックのニット。

suit, shirt, knit: THOM BROWNE. / glasses: THOM BROWNE EYEWEAR / socks: SKATERSOCKS / sneakers: adidas(STAN SMITH)

suit, knit: VALENTINO / shirt: MAISON KITSUNÉ / glasses: THOM BROWNE EYEWEAR / pocket squire: BOTTEGA VENETA / belt: BEST MADE / socks: UNITED ARROWS / shoes: PALACE

11月27日
FRIDAY

僕はネイビー派なので、ブラックスーツは珍しいのだが、「トム ブラウンだったら黒もありかな」と思って買った。ただ「らしくなく」着るために、ゆとりのあるサイズを選んでいるのが自分らしい。

11月28日
SATURDAY

トム ブラウンのブラックスーツは、タキシード仕様になっているのでオケージョンにも使える。マリネッラのストライプタイを締めて、友人の結婚式へ。雨が降らなくてよかった。

suit: THOM BROWNE. / knit: VALENTINO / shirt: MAISON KITSUNÉ / glasses: THOM BROWNE EYEWEAR / socks: Tabio / sneakers: CONVERSE(JACK PURCELL)

suit, shirt: THOM BROWNE. / glasses:THOM BROWNE EYEWEAR / tie: E.MARINELLA / socks: Tabio / shoes: PALACE

11月29日
SUNDAY

息子が小さい頃から、休日はよく外食していた。フレンチに行くこともあれば、近所の餃子屋さんでさくっとすませることも。この日はスーツで「ロブション」へ。ドットのスカーフでエレガントに。

11月30日
MONDAY

ずっと同じスーツ。白のTシャツにハットをかぶって、「スカ」っぽい格好を意識してみた。ミュージシャンにインスパイアされることは多いけど、音楽というより、あくまでファッションの話。

suit: THOM BROWNE. / knit: SAINT LAURENT / glasses: THOM BROWNE EYEWEAR / scarf: Budd / socks: PRADA / boots: ANATOMICA×Alden

suit: THOM BROWNE. / t-shirt: COMME des GARÇONS(Glam Rock History) / hat: UNUSED / glasses: THOM BROWNE EYEWEAR / scarf: MARGARET HOWELL / socks: SKATERSOCKS / sneakers: LANVIN

12
DECEMBER

　パリやミラノのファッションウイークに通うようになって、かれこれ25年が過ぎた。行くたびに何かしらサプライズは起こるものだが、ランウェイで見た服を「死ぬほど着てみたい」と思うような経験は数えるほどしかない。若い頃は、似合おうが似合うまいが、単純に新しいトレンドに身を包みたいという願望が確かにあった。でも、年を重ねると、そう単純に「新しいから」とか「トレンドだから」ということで感動したり興奮したりはできなくなった。これを感性が鈍ったととらえる人もいるだろうが、僕としてはむしろ、自分の心にどんどん正直になっているのだと思っている。時にはワンシーズン丸ごと、パリでもミラノでもまったく心が動かないまま帰国することだってある。あ〜あ、がっかり…である。が、しかし、至福の瞬間は突然やってくる。見た瞬間に心が躍り、興奮していてもたってもいられなくなる服が突如として僕の前に現れる。それがいつ出現するのか、予想もつかない。僕がファッションウイークに通い続ける理由はそこにある。
　写真はヴァレンティノのコートだ。2014年の夏、ローマで作ったオートクチュールである。僕にとって初めてのオートクチュール体験であった。このコートに出逢ったのはその年の1月。パリで見たメンズコレクションの冒頭に、5ルックだけ登場したオートクチュールのコートの中の一着である。久々に心をわしづかみにされた。翌日、僕は朝一番でショールームへ走り、このコートを「着たい！　欲しい！　買いたい!!」と訴えた。そのかいあって、半年後、僕はオートクチュール・デビューを果たした。が、去年はあまりに贅沢すぎるコートの威厳に負けてしまい、着るよりもむしろ、「飾って眺める」が優先した。今年はこのコート、ちゃんと身にまとって愛でたいと思う。

coat: VALENTINO

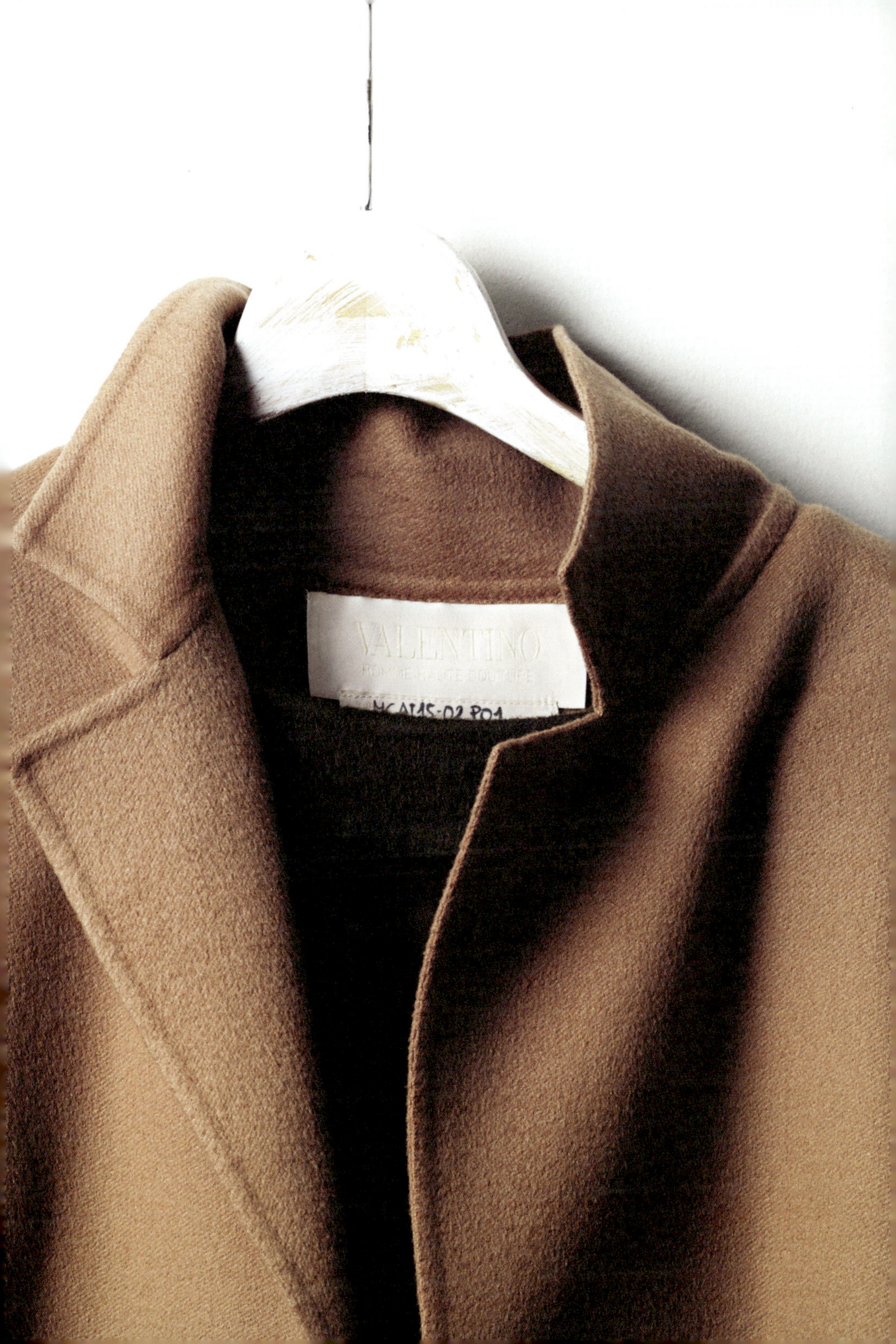
VALENTINO

12月1日
TUESDAY

ハンティングジャケットには縁がなかったけれど、50歳になったことだし、そろそろこの手の服も着てみようと思うようになった。ベージュのタートルと白いパンツで、モダンに見せる工夫を。

jacket: BURBERRY PRORSUM / knit: BOTTEGA VENETA / pants: BEAMS × MEN'S NON-NO × TOMOKI SUKEZANE / glasses: THOM BROWNE EYEWEAR / belt: BEST MADE / socks: Berluti / boots: HERMÈS

12/2 WED.
One of the best clothes in my wardrobe, an haute couture coat by VALENTINO.

12月3日
THURSDAY

雑誌が年末進行に入るので、12月に突入するとにわかにバタバタし始める。連載の締め切りが1週間早くなることも。ハンティングジャケットとパープルニットの相性が、想像以上によかった。

jacket: BURBERRY PRORSUM / knit, shirt: PRADA / pants: Care label / sunglasses: GUCCI / socks: UNITED ARROWS / shoes: PALACE

12月4日
FRIDAY

僕のワードローブの最高傑作、それがヴァレンティノのオートクチュールのコート。まずはベージュ系のグラデーションの着こなしで。とにかく汚さないよう、細心の注意を払って着ている。

coat: VALENTINO / knit: BOTTEGA VENETA / pants: BEAMS×MEN'S NON-NO×TOMOKI SUKEZANE / glasses: THOM BROWNE EYEWEAR / belt: TOM FORD / socks: Berluti / boots: HERMÈS

12月5日
SATURDAY

カジュアルなスタイルにも挑戦。キャメルと色落ちしたジーンズはやっぱり相性がいい。最近ずっと'70sなフィーリングが気になっているので、サンローランのフレアジーンズを選んだ。

12月6日
SUNDAY

久しぶりにサンローランのジーンズをはいたら火がついたのか、アウターをハンティングジャケットにチェンジして撮影現場に向かう。チャックテイラーの色は迷った末グリーンに。

coat: VALENTINO / knit: BOTTEGA VENETA / denim pants: SAINT LAURENT / sunglasses: GUCCI / socks: SKATERSOCKS / sneakers: CONVERSE(CHUCK TAYLOR)

jacket: BURBERRY PRORSUM / knit: BOTTEGA VENETA / denim pants: SAINT LAURENT / sunglasses: GUCCI / socks: Corgi / sneakers: CONVERSE(CHUCK TAYLOR)

12月7日
MONDAY

去年は、気後れしてしまってあまり着なかったヴァレンティノのコート。今年はガンガン着るぞ。ツイードパンツとジョージ・クレバリーのブーツのカントリージェントルマンな組み合わせが好き。

12月8日
TUESDAY

朝が暗いと早起きもしんどい。撮影に向けてテンションを上げるべく朱赤のニットで。キャメルと朱赤の組み合わせは個人的に新鮮。上質なキャメルじゃないとできない挑戦だと思う。

coat: VALENTINO / knit: roberto collina / pants: DELUXE / glasses: THOM BROWNE EYEWEAR / belt: PRADA / socks: Pantherella / boots: GEORGE CLEVERLEY

coat: VALENTINO / knit: TOM FORD / denim pants: Care label / glasses: THOM BROWNE EYEWEAR / belt: BEST MADE / socks: Tabio / shoes: PALACE

12月9日
WEDNESDAY

この日も引き続きファッション誌の撮影で、広尾のスタジオに10時集合。少しゆとりのある朝を過ごせた。キャメルのコートに今日はどんな色を合わせるか、迷った挙げ句ブルーに。

12月10日
THURSDAY

夕方に撮影を終え、スタイリングを手がけるアーティストのライブに顔を出すため恵比寿の「リキッドルーム」へ。モヘアのニットとバンダナを組み合わせて、今日も'70sフィーリング。

coat: VALENTINO / knit, shirt: PRADA / pants: Care label / glasses: THOM BROWNE EYEWEAR / belt: TOM FORD / socks: Tabio / shoes: PALACE / briefcase: SAINT LAURENT

coat: VALENTINO / knit: LOUIS VUITTON / pants: BEAMS×MEN'S NON-NO×TOMOKI SUKEZANE / sunglasses: GUCCI / scarf: vintage from Netherlands / belt: BEST MADE / socks: J.CREW / boots: HERMÈS

12月11日
FRIDAY

富士山近辺にてロケのため、早朝4時にピックアップ。冬の屋外ロケはつらいけれど、カントリージェントルマンな着こなしでモチベーションを上げて、午前中に撮影終了。

12月12日
SATURDAY

昨日で12月前半のヤマは越えたので、この週末はゆっくり過ごせる。ワイルドなアウターとマイルド（？）なチルデンニットを合わせて、ギャップを楽しむスタイリング。

jacket: BURBERRY PRORSUM / knit: Dior HOMME / shirt: LANVIN / pants: DELUXE / sunglasses: GUCCI / belt: PRADA / socks: Pantherella / boots: HERMÈS

jacket: BURBERRY PRORSUM / knit, shirt: THOM BROWNE. / pants: BEAMS × MEN'S NON-NO × TOMOKI SUKEZANE / glasses: THOM BROWNE EYEWEAR / belt: BEST MADE / socks: SKATERSOCKS / shoes: PALACE

My Archive #03
JOHN GALLIANO

ジョン・ガリアーノの刺繍ジャージー

ジョン・ガリアーノが作る服はすごい。ほとんどオートクチュールだ。その唯一無二な存在感に惹かれて一瞬ハマったけれど、残念ながら長くは続かなかった。値段がびっくりするほど高いのだ。この豪華な刺繍が施されたジャージーは、ロンドンで中田英寿さんと街をブラブラしているときに発見。正直シンドイ値段だったけど、買い物にもサプライズが大事だ！と思って購入した。そう考えると、「予定どおり」買い物したっていう経験はあまりない。

12月13日
SUNDAY

日曜になるとなぜかミリタリーテイストのパンツをはくことが多い。カシミヤのトレンチコート、白のスニーカーでシンプル&キレイめに。スタンスミスは、コンバースと並ぶマイ定番。

12月14日
MONDAY

再び怒濤の撮影&リースのラッシュに突入。師走らしくなってきた。ふわふわしたボッテガのコートは、軽くて撮影にもナイスな一着。インディゴブルーのジーンズがよく似合う。

coat: BURBERRY PRORSUM / knit: BOTTEGA VENETA / pants: CORONA / glasses: THOM BROWNE EYEWEAR / belt: BEST MADE / socks: SKATERSOCKS / sneakers:adidas(STAN SMITH)

coat: BOTTEGA VENETA / knit, socks: PRADA / denim pants: Care label / glasses: THOM BROWNE EYEWEAR / belt: J&M DAVIDSON / boots: ANATOMICA×Alden

12月15日
TUESDAY

1月の誕生日に、ニューヨークのTさんからいただいた紙袋風のブリーフケース。なくすのが怖くてあまり使ってなかったけれど、やっぱりカッコいい。酔って置き忘れないようにしないと。

12月16日
WEDNESDAY

ケアレーベルのジーンズは、自分がデザインを手がけた。デニムスラックスの感覚ではける5ポケット、というイメージどおりに仕上がって満足。あえてセンタープレス入りではいている。

coat: VALENTINO / sweat shirt: HELLER'S CAFE / t-shirt: MUJI / pants: LOEWE / glasses: THOM BROWNE EYEWEAR / belt: BEST MADE / socks: Tabio / sneakers: TOM FORD / briefcase: UNKNOWN

jacket: BURBERRY PRORSUM / knit: POLO RALPH LAUREN / denim pants: Care label / glasses: THOM BROWNE EYEWEAR / scarf: MARGARET HOWELL / belt: TOM FORD / socks: Tabio / shoes: PALACE

12月17日
THURSDAY

プラダのコートとパンツのセットアップは、大好きなガンクラブチェック。たまたま上着の丈が長くなったかな〜くらいの気持ちで、気分的にはスーツを着ているのと変わらない。

12月18日
FRIDAY

昨日はベージュのタートルでミニマルに着こなしたけれど、今日はインナーを赤に替え、スカーフを巻いて派手なイメージに。昨日が真面目モードだとしたら、今日は完全に遊びモードだ。

coat, pants, belt: PRADA / knit: BOTTEGA VENETA / glasses: THOM BROWNE EYEWEAR / socks: Pantherella / boots: HERMÈS

coat, pants: PRADA / knit: TOM FORD / glasses: THOM BROWNE EYEWEAR / scarf: DOLCE&GABBANA / gloves: BOTTEGA VENETA / socks: Berluti / boots: GEORGE CLEVERLEY

12月19日
SATURDAY

イギリスっぽいアプローチのセットアップなのでサヴィルロウのテーラー、リチャード・ジェームスのロングポイントのストライプシャツを合わせてみた。レイト'60sなイメージ。

12月20日
SUNDAY

2日連続でリチャード・ジェームスを投入。ここのシャツは、なぜかエキセントリックで面白いデザインのものが多く、一時ハマっていた。シャツとソックスの配色を昨日と逆にしてみる。

coat, pants: PRADA / shirt: RICHARD JAMES / knit: BOTTEGA VENETA / glasses: THOM BROWNE EYEWEAR / socks: Pantherella / boots: HERMÈS

coat, pants: PRADA / shirt: RICHARD JAMES / knit: TOM FORD / glasses: THOM BROWNE EYEWEAR / belt: BEST MADE / socks: Turnbull&Asser / boots: GEORGE CLEVERLEY

12月21日
MONDAY

クリスマス週に突入し、昼は撮影と打ち合わせ、夜は毎日何かしらのイベントに招かれて奔走する。ベルベットに花の刺繍を施したタキシードはディナーショー系。たまにはこういうのもいいね。

12月22日
TUESDAY

以前、ウエディング会社の知り合いに頼まれてレンタル用に試作したタキシードジャケット。色は当然、大好きなディープブルーだ。自分のサイズにぴったりなので、たまに着ている。

three-piece suit, scarf: DOLCE&GABBANA / knit: SAINT LAURENT / glasses: THOM BROWNE EYEWEAR / socks: SKATERSOCKS / sneakers: LANVIN

jacket: ASUKA / shirt, belt, sneakers: LANVIN / pants: Dior HOMME / hat: UNUSED / glasses: THOM BROWNE EYEWEAR / scarf: MARGARET HOWELL / pocket squire: SPIRITUAL BOND / socks: PRADA

12月23日
WEDNESDAY

そもそもはスリーピースのジャケットなのだが、パンツがなんと行方不明に。似たパンツを探してはいてみたけどこれが驚くほど合わない。というわけで、同じランバンのジーンズでお茶を濁す。

Something Extra #03

見えないところで楽しむシマシマ

ボーダーは好きだけど、最近はやりすぎているので見えないところで楽しむことにしている。というわけで、シマシマのパンツとソックス。パンツは6月のロンドン出張時に「サンスペル」で購入した。濃紺の無地のパンツ3枚を選んでレジに持っていくと、お姉さんが「5枚まとめ買いすると安くなる」と教えてくれたので、ならばとボーダーを2枚追加。ただ正直な話、ボーダーのパンツってちょっと間抜けだよなあ、と鏡の前で思うことも多い。ソックスはNYのJ.クルーで購入した。

jacket, vest, denim pants, belt, sneakers: LANVIN / knit: SAINT LAURENT / glasses: THOM BROWNE EYEWEAR / scarf: MARGARET HOWELL / pocket squire: SPIRITUAL BOND / socks: PRADA

12月24日
THURSDAY

映画のようなクリスマスデートは経験がない。年末休みに向けて仕事に邁進。でも、なんとなくタキシードは着てしまう。息子が大きくなって、クリスマスツリーを飾らなくなったのが少し寂しい。

jacket, pants, scarf: VALENTINO / knit: DOLCE&GABBANA / glasses: THOM BROWNE EYEWEAR / pocket squire: SPIRITUAL BOND / belt, sneakers: LANVIN / socks: PRADA

12月25日
FRIDAY

子どもの頃からベルベットが好きだった。高級な和菓子のような素材感に惹かれていたようだ。エルメスのベルベットジャケットに袖を通したら、なぜか昔の家に必ずあった「応接間」を思い出した。

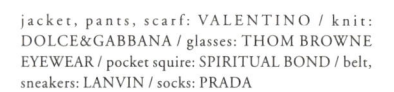

jacket: HERMÈS / shirt: Charvet / knit: SAINT LAURENT / denim pants, belt: LANVIN / glasses: THOM BROWNE EYEWEAR / collar pin: BELFIORE / cuff links: UNKNOWN / socks: PRADA / shoes: JOHN LOBB

12月26日
SATURDAY

トラディショナルなバーバリーのトレンチもいいけれど、プロ—サムのもなかなかの名作。ファッションとしてトレンチを着たいときはこれ。着ていてよくほめられる一着だ。ついに年末休み。

12月27日
SUNDAY

キルティングのパッチワークがついたポケットとリーのコラボジーンズをはいて、年末恒例のクロゼット整理に取りかかる。しかし断捨離には程遠く、そして僕は途方に暮れる。

coat, jacket: BURBERRY PRORSUM / shirt: Spencer Hart / denim pants: DELUXE / glasses: THOM BROWNE EYEWEAR / neck warmer, belt: LANVIN / socks: PRADA / shoes: JOHN LOBB

coat: LOUIS VUITTON / sweat shirt: HELLER'S CAFE / t-shirt: MUJI / denim pants: pokit×Lee / glasses: THOM BROWNE EYEWEAR / belt: BEST MADE / gloves: MEROLA / socks: SKATERSOCKS / sneakers: CONVERSE(JACK PURCELL)

12月28日
MONDAY

仲よしの編集チームやモデルのリヒトと集まって、身内で軽く忘年会。いつものように幕が開き、シャンパン飲んでのカラオケ大会。でもぶっちゃけ、カラオケには少々飽き気味だったりするのだ。

12月29日
TUESDAY

富ヶ谷のバー、「CALLAS」で恒例の年末DJ。DJのときは必ず、加藤和彦さんに影響されて買ったガウンを着る。ちなみにDJ SUKEZANEは、あのラリー・レヴァンが好きで影響を受けている。

coat: LOUIS VUITTON / three-piece suit: Berluti / shirt: Charvet / glasses: THOM BROWNE EYEWEAR / collar pin: BELFIORE / gloves: Budd / socks: UNITED ARROWS / sneakers: CONVERSE(CHUCK TAYLOR)

night gown, bow tie: Turnbull&Asser / knit: JOHN SMEDLEY / shirt: Spencer Hart / pants: BOTTEGA VENETA / hat: Borsalino / sunglasses: LANVIN / cuff links: UNKNOWN / socks: PRADA / shoes: JIMMY CHOO

12月30日
WEDNESDAY

ベトナムでバカンス。東京でショートパンツとサンダルの着こなしはしないけど、リゾートではOK。鼻緒がクロコになったヴァレンティノのビーチサンダルは珍しく展示会でオーダーしたもの。

polo shirt: LACOSTE / shorts: MICHAEL BASTIAN / hat: ENGINEERED GARMENTS / sunglasses: CUTLER AND GROSS / belt: BEST MADE / sandals: VALENTINO

12月31日
THURSDAY

大みそか。ジョン スメドレーの半袖ニットは、Tシャツさながらの仕様が好き。首のリブが太いのがいいんだけど、なぜか最近見かけない。夜はホテルで、ゆる～いカウントダウンイベント。

knit: JOHN SMEDLEY / shorts: SATURDAYS SURF NYC / hat: HERMÈS / sunglasses: LANVIN / sandals: VALENTINO

65

1
JANUARY

　毎年1月は、年明け早々にロンドンコレクションがスタートし、それにフィレンツェ、ミラノ、パリとメンズのファッションウイークが続く。ロンドンから参加すると1ヵ月近く東京を留守にするため、出張前後の撮影日程はまさに怒濤のごとくだ。もちろん担当者には迷惑のかけっぱなし。その反省を踏まえ、2016年の1月はパリだけにする予定。…と、今は思っているのだが、結局ロンドンからパリまで、全部行ってしまうのかもしれない。
　ところで僕がボウタイを日常的にするようになったのはここ10年のことだ。40歳の誕生日を、パリの「カフェ・ド・フロール」で友人数十名に祝ってもらったときが最初だった。僕はそのとき、「マリアルイーザ」でヴィヴィアン・ウエストウッドのボウタイを自分へのバースデイプレゼントとして買い、それをそのまま自分のバースデイパーティにつけて行った。以来、パーティにはボウタイをするのが習慣化し、どんどん購入。自宅の衣装部屋ではかなりのスペースをボウタイに割いている。ボウタイは、結び方次第でいろいろな表情が出るのがいい。まったく同じには結べないので、なんというか、そんな一期一会的なところも好きだ。写真はワコマリアの花のボウタイ。こんなのほかでは見たことがない。これは絶対かしこまった席につけて行くのだ。その"場違い感"がまたチャーミングな、ベリー・スペシャルなボウタイなのだから。
　1月は12月と並んでパーティが多い月だと思うが、1月の衣装計画をあらためて確認すると、なんと1回しかボウタイが出てこない。なんということでしょう！やっぱりボウタイって、特別なものなんですね。なのに僕の衣装部屋にはボウタイがいっぱい…。一生分あるのにまた買いたいと思う、それがボウタイなのですね。

bow tie: WACKO MARIA

67

1月1日
FRIDAY

あけましておめでとうございます。ホテルのバルコニーで白ワインを飲みながら、一日中パジャマで過ごす。ラルフ ローレンでのトークショーの際買った白のダブルジャケットには、共演の「GQ JAPAN」編集長も驚いていた。

jacket: RALPH LAUREN / pajamas: SLEEPY JONES / hat: Borsalino / sunglasses: GUCCI / slippers: Church's

1/2 SAT.

A Happy
New Year,
from Yoyogi-
Hachiman.

1月3日
SUNDAY

自分にとって縁起のいいラッキーカラーはパープルだそうだ。というわけで見つけたときは狂喜乱舞し、後先考えず購入したスエードのブルゾン。ディアスキンのクオリティはマジで最強。

blouson, sneakers: TOM FORD / sweat shirt, scarf: VALENTINO / t-shirt: COS / pants: LOEWE / glasses: THOM BROWNE EYEWEAR / belt: BEST MADE / gloves: BOTTEGA VENETA / socks: Tabio

1月4日
MONDAY

デザイナーがジョナサン・アンダーソンに替わってから購入したロエベのレザーブルゾンは、さすがの品質。フェティッシュな印象にならないよう、コミカルな方向で着こなしている。

blouson, pants: LOEWE / knit: lucien pellat-finet / t-shirt: V&A × Alexander McQueen / glasses: THOM BROWNE EYEWEAR / belt: BEST MADE / socks: Tabio / sneakers: CONVERSE(CHUCK TAYLOR)

1月5日
TUESDAY

まだ正月休みで気持ちが緩んでいるのか、ペラフィネのニットとロエベのパンツは、昨日とまったく同じ。出かけるとき、さすがにマズイと思ってブルゾンとスニーカーはチェンジ。

1月6日
WEDNESDAY

ロエベのレザーブルゾンを、モノトーンに絞ってシックに着こなしてみた。インに着ているスカルのＴシャツは、ロンドンで購入したマックイーン展のスーベニアＴシャツ。

blouson: TOM FORD / knit: lucien pellat-finet / tank: RICK OWENS / pants: LOEWE / glasses: THOM BROWNE EYEWEAR / belt: BEST MADE / socks: Budd / sneakers: CONVERSE(CHUCK TAYLOR)

blouson, pants: LOEWE / t-shirt: V&A × Alexander McQueen / glasses: THOM BROWNE EYEWEAR / scarf: MARGARET HOWELL / belt: BEST MADE / socks: Tabio / sneakers: LANVIN

1月7日
THURSDAY

今日から仕事始め。まずは打ち合わせを3本、そして事務所で年賀状などの整理。一応ジャケットを着る。着丈が短く、ロエベの太いデニムと合う。トム ブラウンのコートは襟がベルベットに。

1月8日
FRIDAY

今日はだいぶ寒いので、ツイードジャケットをコートの下に着る。やっぱりブリティッシュな世界が好きみたいだ。バーバリーのコートは襟がアストラカンでゴージャスな雰囲気。

coat, jacket: THOM BROWNE. / knit: roberto collina / denim pants: LOEWE / glasses: THOM BROWNE EYEWEAR / belt, sneakers: LANVIN / gloves: Budd / socks: UNITED ARROWS

coat: BURBERRY PRORSUM / jacket: HOLLAND ESQUIRE / knit: roberto collina / denim pants: LOEWE / glasses: THOM BROWNE EYEWEAR / scarf: RRL / socks: Tabio / sneakers: LANVIN

1月9日
SATURDAY

ホーランドエスクワイヤーのジャケットは、コストパフォーマンスが高く、いい意味で軽さがあって着やすい一着。ニットも暖かいのでコートは持たず、そのまま車に乗って有楽町の映画館へ。

1月10日
SUNDAY

ニューヨークのトム ブラウンのショップで作ったスーツを取りに行ったら、なぜかトム本人が待ち伏せ。「君のための一枚だ」と言われてすすめられたコートは、今でも大のお気に入りだ。

jacket: HOLLAND ESQUIRE / knit: roberto collina / denim pants: LOEWE / hat: UNUSED / glasses: THOM BROWNE EYEWEAR / scarf: MARGARET HOWELL / belt: LANVIN / gloves: Budd / socks: Tabio / sneakers: CONVERSE(CHUCK TAYLOR)

coat, jacket: THOM BROWNE. / knit: PRADA / denim pants, shoes: LOEWE / glasses: THOM BROWNE EYEWEAR / belt: LANVIN / gloves: Budd / socks: UNITED ARROWS

73

1月11日
MONDAY

息子の誕生日。たまには二人で出かけてみる。アーリーアメリカンスタイルの太いジーンズにたまにはレッド・ウィングのブーツなんか履いてみて、「たまたま尽くし」の成人の日。

1月12日
TUESDAY

今日のポイントは、プラダのマルチカラーのストール。デニムが「男魂」みたいなハードな服だから、ちょっとブリティな小物で中和した。バレンシアガのジャケットはすごくエレガント。

coat: BURBERRY PRORSUM / jacket: BALENCIAGA / knit, gloves: BOTTEGA VENETA / denim pants: AT LAST & CO. / sunglasses: GUCCI / belt: BEST MADE / socks: SKATERSOCKS / boots: RED WING

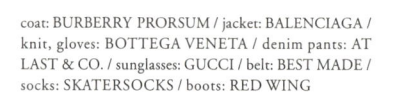

jacket: BALENCIAGA / hooded parka: Inpaichthys kerri / t-shirt: THOM BROWNE. / denim pants: AT LAST & CO. / glasses: THOM BROWNE EYEWEAR / stole: PRADA / belt: BEST MADE / gloves: BOTTEGA VENETA / socks: SKATERSOCKS / sneakers: CONVERSE(CHUCK TAYLOR)

My Archive #04
HEDI SLIMANE

エディ・スリマンは変わらない

エディ・スリマンがデザインした2着のジャケット。右はディオール オム、左はサンローランのものだ。どちらもエディの大好きなグラムロックなムードが漂っている。彼の徹底したクリエーションを見ていると、「フランス人はモードに対するアドバンテージをもっている」とつくづく思う。なんというか、モードに対してストイックになれるのだ。右のナポレオンジャケットをとあるパーティに着ていったら、なぜか隣にいたリヒトが照れていた。

1月13日
WEDNESDAY

連休も明けたことだし、そろそろエンジン全開で仕事に励む。昔、『炎のランナー』という映画を観て以来、ツイードには漠然とした憧れがある。今日は細身のツイードパンツで紳士然とした装い。

1月14日
THURSDAY

昨日と同じような、アイテムと色の組み合わせ。でも今日のほうがオーセンティックな印象のスタイリングになった。アクセントにロエベの靴。新年一発目の撮影は、時間がかかったけどいい感じ。

coat: THOM BROWNE. / knit: roberto collina / pants: DELUXE / glasses: THOM BROWNE EYEWEAR / gloves: Budd / socks: PRADA / boots: ANATOMICA × Alden

coat, jacket, pants: THOM BROWNE. / knit: SAINT LAURENT / glasses: THOM BROWNE EYEWEAR / gloves: Budd / socks: PRADA / shoes: LOEWE

1月15日
FRIDAY

「とりあえず黒を着とけばなんとかなるでしょ」っていう考え方はあまり好きじゃない。黒を着すぎるとなんか苦労する気がするし。でもたまにはいいか。グローブ以外、全身黒で。

1月16日
SATURDAY

木曜からずっと撮影。忙しい。「好きじゃない」とか言っておきながら、結果的に2日連続で全身ブラックの着こなし。今日はオレンジの代わりにゴールドを足してみた。

coat: BOTTEGA VENETA / knit: roberto collina / denim pants: DELUXE / hat: UNUSED / glasses: THOM BROWNE EYEWEAR / belt: LANVIN / gloves: MEROLA / socks: PRADA / boots: ANATOMICA × Alden

coat, pants: THOM BROWNE. / knit: DOLCE&GABBANA / glasses: THOM BROWNE EYEWEAR / scarf: ANN DEMEULEMEESTER / socks: PRADA / shoes: LOEWE

1月17日
SUNDAY

基本的に僕はダッフルコートが似合わないと思っているのだが、これはランウェイで目撃して絶対買う！と決めていた一着。パンツはやっぱり白でしょう。気分はポール・ウェラー！

1月18日
MONDAY

このジャケットは着心地が最高。パジャマのようにどこでも寝られてしまう。それでいてダブル仕立てだから、それなりにきちんと見える稀有な一着だ。トーマス・マイヤーはやっぱりすごい。

coat: Dior HOMME / knit: roberto collina / pants: BEAMS×MEN'S NON-NO×TOMOKI SUKEZANE / glasses: THOM BROWNE EYEWEAR / belt: BEST MADE / gloves: PRADA / socks: SKATERSOCKS / shoes: PALACE

jacket: BOTTEGA VENETA / knit: roberto collina / denim pants: Care label / glasses: THOM BROWNE EYEWEAR / belt: BEST MADE / socks: SKATERSOCKS / shoes: PALACE

1月19日
TUESDAY

コレクション出張直前でバタバタ。今日は撮影が3本立てだ。気持ちの余裕はまったくないのだが、ダッフルコートとジーンズで「オリーブ少年」的爽やかさ、すがすがしさを狙ってみた。

coat: Dior HOMME / knit: BOTTEGA VENETA / denim pants: Care label / glasses: THOM BROWNE EYEWEAR / scarf: TOM FORD / gloves: Budd / socks: PRADA / boots: ANATOMICA × Alden

1月20日
WEDNESDAY

出張前に、連載の原稿をすべて書き上げてしまわなければ。というわけで、事務所にこもってひたすらキーボードを打つ。こんな慌ただしい一日は、癒やし系のボッテガのジャケットで。

jacket, gloves: BOTTEGA VENETA / knit: roberto collina / pants: BEAMS × MEN'S NON-NO × TOMOKI SUKEZANE / glasses: THOM BROWNE EYEWEAR / stole: PRADA / belt: TOM FORD / socks: SKATERSOCKS / sneakers: CONVERSE (CHUCK TAYLOR)

1月21日
THURSDAY

コートは、リカルド・ティッシがジバンシィで手がけたファースト・コレクションのもの。映画『リトル・ダンサー』で、炭鉱で働く主人公の父親が、似たコートを着ていたのを思い出す。

1月22日
FRIDAY

なんとかパッキングを終えて、パリコレへ。ロエベのブルゾンの下に、フライツォーリのベストを合わせてみた。カフェのギャルソンが休憩時間にちょっと出かける、みたいなノリ。

coat: GIVENCHY / denim jacket: Lee / knit: SAINT LAURENT / pants: DELUXE / glasses: THOM BROWNE EYEWEAR / belt: TODD SNYDER / socks: PRADA / boots: ANATOMICA×Alden

blouson: LOEWE / vest: FRAIZZOLI / knit: DOLCE&GABBANA / denim pants: DELUXE / hat: UNUSED / glasses: THOM BROWNE EYEWEAR / scarf: MARGARET HOWELL / socks: PRADA / boots: ANATOMICA×Alden

1月23日
SATURDAY

海外に行くと、全身黒の着こなしが増えてしまう。洋服の数が限られているから仕方ないんだけど。エルメスのトレンチはその昔、スタイリストの野口強さんとのぞいたパリのブティックで購入。

coat: HERMÈS / knit: NICK TENTIS / denim pants: DELUXE / glasses: THOM BROWNE EYEWEAR / scarf, gloves: Budd / socks: PRADA / shoes: PALACE

1月24日
SUNDAY

ジョナサン・アンダーソンとアレキサンダー・ワンという人気若手デザイナー同士の服。意外にもお互いのシルエットがマッチしていて合わせやすかった。動きやすい、楽なルック。

blouson: LOEWE / hooded parka: T BY ALEXANDER WANG / t-shirt, scarf: VALENTINO / pants: DELUXE / hat: UNUSED / glasses: THOM BROWNE EYEWEAR / belt: LANVIN / socks: SKATERSOCKS / shoes: PALACE

1月25日
MONDAY

誕生日。いつもコレクション期間中なので、仲よしの編集者やPRの皆さんに祝っていただいている。トム ブラウンのスーツと、トム フォードのシャツでドレスアップ。トム同士、相性よし(笑)。

coat: LOUIS VUITTON / suit: THOM BROWNE. / shirt, stole: TOM FORD / bow tie: Turnbull&Asser / gloves: Budd / socks: PRADA / boots: ANATOMICA × Alden

1月26日
TUESDAY

案の定飲みすぎてしまい、面倒くさくなったので同じスーツにタートルを合わせて着る。二日酔いでボロボロなんだけど、ぱっと見ちゃんとして見えるのが、タートルのいいところ。

1月27日
WEDNESDAY

今回の出張はひたすらスーツを着る、というのがテーマだったので目標達成。いっそスーツで帰国。機内用に楽な格好をすることはあんまりない。なぜなら荷物は最小限にしておきたいから。

coat, suit: THOM BROWNE. / knit: roberto collina / glasses: THOM BROWNE EYEWEAR / gloves: Budd / socks: PRADA / boots: ANATOMICA×Alden

coat, suit, shirt : THOM BROWNE. / knit: Dior HOMME / glasses: THOM BROWNE EYEWEAR / socks: PRADA / boots: ANATOMICA×Alden

1月28日
THURSDAY

帰国。でも間髪をいれずに撮影の仕事が入っている。シャツを着るときは首元を閉めるのが習性になっている。そのアレンジの一つとして、最近はピンを留めることが多い。

coat: BOTTEGA VENETA / knit: VALENTINO / shirt: Charvet / pants: TOM FORD / neck warmer: BURBERRY PRORSUM / collar pin: BELFIORE / gloves: Budd / socks: PRADA / boots: GEORGE CLEVERLEY / umbrella: FOX UMBRELLAS

1月29日
FRIDAY

時差ボケの影響か、思いっきり無精ぶりが前面に出ている。というか、思考が止まってしまったよう。かろうじてスカーフは巻いた。こういうときはショック療法と称して朝方まで深酒することが多い。

coat: BOTTEGA VENETA / knit: roberto collina / pants: TOM FORD / sunglasses: CUTLER AND GROSS / scarf, gloves: Budd / belt: LANVIN / socks: PRADA / boots: ANATOMICA×Alden

1月30日
SATURDAY

アンユーズドの帽子はデザインが独特。ポークパイハットなのにブリムが広く、トップが平たいデザインがカッコいい。日本人のフラットな顔に似合うんだな。色違いで2色購入。

coat: BOTTEGA VENETA / knit: roberto collina / pants,shoes: LOEWE / hat: UNUSED / glasses: THOM BROWNE EYEWEAR / scarf: MARGARET HOWELL / socks: SKATERSOCKS

1月31日
SUNDAY

日曜だけど、広告のミーティング。わりとお堅い場なので、ニットの下はタイドアップ。コートをジャケット代わりに着る、というアイデアはここ2年くらい実践している。

coat: BOTTEGA VENETA / knit: VALENTINO / shirt: Charvet / pants, shoes: LOEWE / hat: UNUSED / glasses: THOM BROWNE EYEWEAR / tie: PRADA / belt: LANVIN / gloves: Budd / socks: Berluti

2
FEBRUARY

　2月は僕にとって恐怖の月だ。30年前から、2月になるとじわじわと花粉症の症状が表れてくる。鼻は詰まり、くしゃみは止まらず、目はかゆいし頭はボンヤリ。とにかく何かを考えるということが面倒になる。これだけ四六時中、洋服のことを考えている僕なのに、花粉症の時期だけは別。服への情熱は失せ、コーディネートも手抜きになりがちだ。あ〜、やだやだ。
　そんなときは、スペシャルな服を選ぶに限る。今、いちばんスペシャルな服といえば、12月の項でも述べたヴァレンティノのキャメルコートだが、トム フォードのスリーピーススーツもまたスペシャルな逸品である。トム フォードのスーツは、NYで2回、ビスポークしている。写真のグレンチェックのものは、2目回に作ったほうだ。ベストをダブルにしたのはテーラーのすすめによるもの。ええかっこし〜で慣れたふうを装ったのが失敗だった。出来上がったベストを見てびっくり仰天。「なんて胸の開きが広いベストなんだ!?」。そのときにクレームをつけてもよかったのだが、立派すぎるスーツを前にして僕はおじけづいてしまった。会話しながら作るからビスポークなのにね。もしかしたら花粉症の時期だったかもしれない。いや、NYだし、花粉症はないか…。
　このスリーピーススーツ、最初はベストなしのツーピースで着ていたのだが、最近はスリーピースで着ている。先輩から、「ビスポークを着慣れた感じにする方法」をいくつか教えてもらい、その中で僕は「パジャマとして着て寝る」というのを実践した。「着たままシャワーを浴びる」というのも教わったが、それはトライする予定ナシ。…と、あれこれトム フォードのビスポークスーツについて語ったわけだが、2月は一度も登場してないですね。あれ？

three-piece suit, shirt, tie: TOM FORD

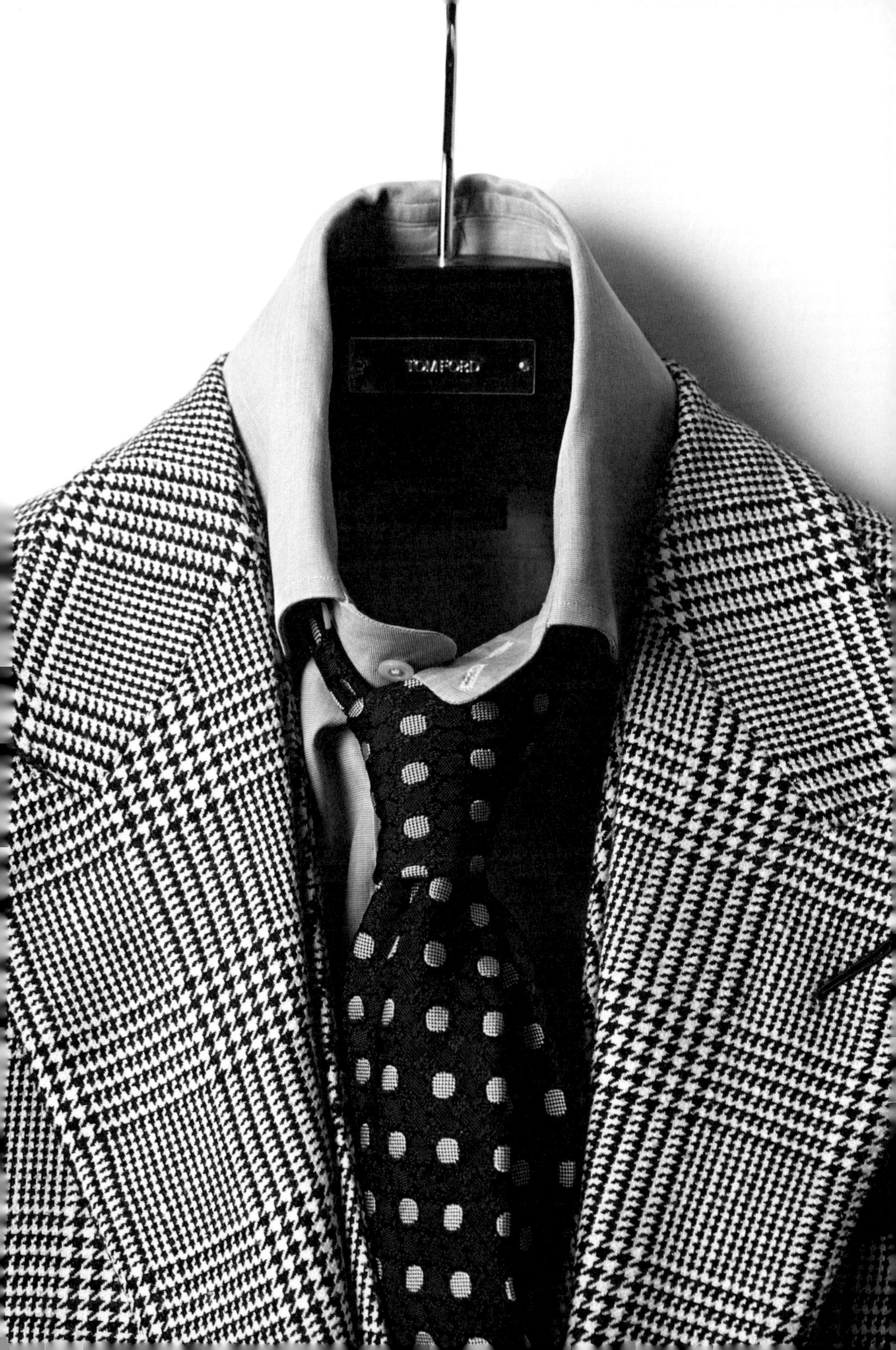
TOM FORD

2月1日
MONDAY

最近ご無沙汰だったヴァレンティノのコートに、チルデンニット。高校生のとき、一瞬だけとテニスボーイだったことがある。今でもラコステとか、古い時代のテニス選手のイメージに憧れている。

coat: VALENTINO / knit, shirt: THOM BROWNE. / pants: DELUXE / glasses: THOM BROWNE EYEWEAR / belt: PRADA / gloves: BOTTEGA VENETA / socks: Berluti / boots: GEORGE CLEVERLEY

2/2 TUE. Found a nice restaurant in Kagurazaka. I like this town, it has the same vibes similar to my hometown, Kyoto.

2月3日
WEDNESDAY

今日はどうにも'70sな気分。トム・フォードがディレクターだった時代のサンローランのフレアジーンズに、ルイ・ヴィトンのモヘアのニットを合わせて。スニーカーはヴァレンティノ。

2月4日
THURSDAY

昨日のコートとジーンズの組み合わせが気に入ったので引き続き登場。でもカジュアル感は加速。スウェットパーカと重ねたり、コンバースを合わせたり。ミックスの妙。

coat, sneakers: VALENTINO / knit: LOUIS VUITTON / denim pants : SAINT LAURENT / sunglasses: CUTLER AND GROSS / stole: PRADA / socks: SKATERSOCKS

coat: VALENTINO / hooded parka: Inpaichthys kerri / t-shirt: COMME des GARÇONS / denim pants: SAINT LAURENT / sunglasses: CUTLER AND GROSS / socks: SKATERSOCKS / sneakers: CONVERSE (CHUCK TAYLOR)

2月5日
FRIDAY

セブンティーズ回帰第3弾は、リチャード・ジェームスのシャツとともに。打ち合わせをした編集者にほめられた。クレイジーな感じを出したくて、コンバースもあえてグリーンに。

Something Extra #04

スニーカーに対する
僕の悩みの解決法

最近「チャックテイラー」など、オールドスクールなスニーカーを履くことが増えた。それはいいのだが、僕はソールの白い部分が汚れるのが我慢ならないタイプ。ひももずっと真っ白なほうがいい。だから汚れを見つけると、苦労しながら消しゴムでゴシゴシやっていた。でも、きれいにならないんだこれが。するとある日、見かねた彼女がくれたのが「重曹＋セスキ 配合ウェットワイパー」。すごいですよ、これ。ピッカピカになる。そして手軽。驚きのイージーぶりで、ずっと使ってます。

coat: VALENTINO / shirt: RICHARD JAMES / knit: TOM FORD / denim pants: SAINT LAURENT / sunglasses: CUTLER AND GROSS / socks: Tabio / sneakers: CONVERSE(CHUCK TAYLOR)

2月6日
SATURDAY

自分ではウィリアム・モリス的だと思っている、ブルー〜パープルの色合わせが好き。なかなか外に着ていく機会はないけど、誰にも会わない休日ならいいか。思いきってシャツも派手にした。

2月7日
SUNDAY

泥のように眠る日曜日。だいぶ疲れがたまっていたようだ。というわけで、今日はパジャマから着替えることなく、みうらじゅんさんの文庫本をベッドでダラダラ読む。

knit, pants: PRADA / shirt: HOLLAND ESQUIRE / glasses: THOM BROWNE EYEWEAR / belt: TOM FORD / sandals: VALENTINO

night gown: Turnbull & Asser / pajamas: JACK SPADE / glasses: THOM BROWNE EYEWEAR

2月8日
MONDAY

久しぶりにスタジャンを着てみようと思った。2月の寒さに少々ウンザリしてきたので、「春よ早く来い」という気持ちを込めて、クレイジーな色のプラダを投入してみる。

2月9日
TUESDAY

どうも今週はパープルが気になっているようす。アウターをスタジャンからクチュールコートに替えてみた。足元はどうするか迷ったけど、結局水色のコンバースに落ち着く。

jumper: BEDWIN & THE HEARTBREAKERS / knit, shirt, pants: PRADA / sunglasses: CUTLER AND GROSS / belt: TOM FORD / socks: SKATERSOCKS / sneakers: CONVERSE(CHUCK TAYLOR)

coat: VALENTINO / knit, shirt, pants: PRADA / sunglasses: CUTLER AND GROSS / belt: TOM FORD / cuff links: SAINT LAURENT / socks: SKATERSOCKS / sneakers: CONVERSE(CHUCK TAYLOR)

2月10日
WEDNESDAY

ブルー、ピンク、ベージュって実は相性がいい。実際合わせてみると「今日すごいですね」って言われるけど、アイビーの世界では珍しくない。それを普通の服でやってるだけなんだけとなあ。

2月11日
THURSDAY

建国記念日でお休み。うっかりそのことを忘れてしまっていて、すっかり予定が狂ってしまった。ボッテガのタートルニットは首の一部がブルーになっていて、コートの下で映えるデザイン。

coat: VALENTINO / knit: POLO RALPH LAUREN / shirt: MARNI / pants: PRADA / glasses: THOM BROWNE EYEWEAR / belt: TOM FORD / socks: SKATERSOCKS / sneakers: CONVERSE(CHUCK TAYLOR)

coat: VALENTINO / knit: BOTTEGA VENETA / pants: PRADA / glasses: THOM BROWNE EYEWEAR / belt: BEST MADE / socks: SKATERSOCKS / sneakers: CONVERSE(CHUCK TAYLOR)

My Archive #05

TOM FORD

トム・フォードは偉大なり

どちらもトム・フォードがデザインしたベルベットジャケット。赤がイヴ・サンローランの最初のコレクションで、青がグッチの最後のコレクション。トム・フォードの何がすごいかって、とにかく前例がない活躍の場の広さ。グッチで大成功し、シグネチャー・ブランドも大人気で、映画まで撮ってる。その生き様がカッコいい。アメリカ人のいいところがぜんぶ発揮されているというか。あと、人材を育てる能力も素晴らしいよね。

2月12日
FRIDAY

一瞬盛り上がったパープル熱も落ち着いて、色味も変わった金曜日。スタジャンをネイビーのスラックスとローファーで着こなす。昨日の仕事の遅れはなんとか取り戻した。

2月13日
SATURDAY

雑誌の対談で、神保町の集英社のスタジオへ。対談といっても、相手はリヒトなんだけどね。サンローランのダブルジャケットは、わりとかしこまった場に着ていくことが多い一着。

jumper: BEDWIN & THE HEARTBREAKERS / sweat shirt: HELLER'S CAFE / t-shirt: THOM BROWNE. / pants: VALENTINO / glasses: THOM BROWNE EYEWEAR / belt: PRADA / shoes: PALACE

jacket: SAINT LAURENT / knit: BOTTEGA VENETA / pants: VALENTINO / glasses: THOM BROWNE EYEWEAR / belt: TODD SNYDER / socks: SKATERSOCKS / shoes: PALACE

2月14日
SUNDAY

ふと思い出して引っぱりだしてきた、エディ・スリマン時代のディオール オムのスポーティなブルゾン。意外といい。この年でバレンタインとかあり得ないので、息子とTSUTAYAに出かけた。

2月15日
MONDAY

エディのディオールから、エディのサンローランへのリレー。本人のよさは変わらなくても、ブランドが変わればクリエーションは変わる。ファッションって面白いなあ、とあらためて思う。

blouson: Dior HOMME / knit: roberto collina / denim pants: DELUXE / glasses: THOM BROWNE EYEWEAR / belt: BEST MADE / socks: SKATERSOCKS / shoes: PALACE

jacket: SAINT LAURENT / knit: roberto collina / denim pants: DELUXE / glasses: THOM BROWNE EYEWEAR / scarf: MARGARET HOWELL / gloves: Budd / socks: SKATERSOCKS / shoes: PALACE

2月16日
TUESDAY

英国大使館で開催されたレセプションに出席。せっかくだから、15年前に作ったギーヴス&ホークスのオーダースーツに袖を通す。50歳になったし、いいかげん少しは似合ってきただろうか。

2月17日
WEDNESDAY

服に機能性は求めない。性格的にもMだし我慢強いほうだけど、でも今日は寒い。そんなときはバレンシアガの、中綿入りバイカージャケットの出番。これ、見た目よりだいぶ暖かいのだ。

coat: THOM BROWNE. / suit: GIEVES&HAWKES / knit: roberto collina / glasses: THOM BROWNE EYEWEAR / belt: BEST MADE / gloves: Budd / socks: UNITED ARROWS / sneakers: CONVERSE(CHUCK TAYLOR)

blouson: BALENCIAGA / knit, gloves: BOTTEGA VENETA / denim pants, belt: LANVIN / glasses: THOM BROWNE EYEWEAR / socks: PRADA / boots: ANATOMICA×Alden

2月18日
THURSDAY

コム デ ギャルソンはやっぱり偉大だ…。そんなことを思いながら、20年近く前、モッズをテーマにしたコレクションのトレンチに袖を通す。ピート・タウンゼントがモデルとして出ていた。

coat: COMME des GARÇONS HOMME PLUS / jacket: BALENCIAGA / knit: SAINT LAURENT / denim pants: LANVIN / glasses: THOM BROWNE EYEWEAR / belt: PRADA / gloves: BOTTEGA VENETA / socks: Berluti / boots: GEORGE CLEVERLEY

2月19日
FRIDAY

全然着ていない服を、突然着たくなる衝動に駆られることがある。2年前に買ったきり一度も着ていなかったアウターは、ネイビー×黒の色味とアストラカンの襟がゴージャスでいい。

blouson, knit, scarf: VALENTINO / pants: DELUXE / hat: UNUSED / glasses: THOM BROWNE EYEWEAR / belt: LANVIN / socks: PRADA / boots: ANATOMICA× Alden

99

2月20日
SATURDAY

あまりにも寒いのでヴァレンティノのファーのティペットを巻いたけど、風ですぐにめくれる。というわけで、アシスタントに留め具をつけてもらった。どんなに強い風が吹いてもこれで平気。

2月21日
SUNDAY

年明けからのいろいろが行き詰まってきて、気分を変えたくなった。そんなときはキャスケットとか、普段縁のないものをつい買ってしまう。それらはオフの日に試して、使えるかどうか判断する。

coat: BURBERRY PRORSUM / hooded parka: T BY ALEXANDER WANG / knit: DRIES VAN NOTEN / pants: LOEWE / glasses: THOM BROWNE EYEWEAR / tippet: VALENTINO / belt, sneakers: LANVIN / gloves: Budd / socks: SKATERSOCKS

jacket: BALENCIAGA / sweat shirt: HELLER'S CAFE / t-shirt: MUJI / pants: CORONA / cap: BRIXTON / glasses: CUTLER AND GROSS / scarf: VALENTINO / belt: BEST MADE / socks: UNITED ARROWS / sneakers: CONVERSE(JACK PURCELL)

2月22日
MONDAY

久々に着る、ブラックウォッチのスーツ。こういうスーツにミリタリーのベルトとアナトミカのブーツを合わせると新しく見えていいかな、と思う。撮影でスタジオにこもりきり。

2月23日
TUESDAY

黒いタートルと黒いパンツでシックに。ホーランド・エスクワイヤーの着丈の短いツイードジャケットも、ぐっと洗練されて見える。某ブランドのPRの皆さんと会食。

coat: NVy by F.A.T / suit: VALENTINO / knit: SAINT LAURENT / turtleneck knit: JOHN SMEDLEY / glasses: THOM BROWNE EYEWEAR / belt: BEST MADE / gloves: Budd / socks: PRADA / boots: ANATOMICA × Alden

coat: NVy by F.A.T / jacket: HOLLAND ESQUIRE / knit: JOHN SMEDLEY / turtleneck knit: NICK TENTIS / denim pants: DELUXE / belt: BEST MADE / gloves: Budd / socks: PRADA / boots: ANATOMICA × Alden

2月24日
WEDNESDAY

コートはルカ・オッセンドリバーのファースト・コレクションから。とにかくシンプルな万能型。ウエストを絞るディテールが気に入っている。巡り合えてよかったと心から思える、貴重な一着。

2月25日
THURSDAY

朝から帽子をかぶりたい気分。アンユーズドの帽子はなんでも合うからどうするか…と考えて選んだのは、バーバリーのヘリンボーンコート。頭の中で、ジーン・ハックマンが苦い顔をしている。

coat, denim pants, belt, sneakers: LANVIN / knit: roberto collina / glasses: THOM BROWNE EYEWEAR / socks: Tabio

coat: BURBERRY PRORSUM / knit: JOHN SMEDLEY / turtleneck knit: YVES SAINT LAURENT / denim pants: DELUXE / hat: UNUSED / glasses: THOM BROWNE EYEWEAR / belt: BEST MADE / gloves: Budd / socks: PRADA / boots: ANATOMICA × Alden

2月26日
FRIDAY

ちょっと仕事が落ち着いて、気分が穏やかな日は上品なグレートーンでまとめたくなる。タートルニットの青みがかったグレーがいい感じ。ポイントは白いソックス。とても暖かいルック。

2月27日
SATURDAY

もうすぐ3月だけど、寒さは和らぐ気配なし。グローブが手放せない。チョコレート色のレザーグローブは7〜8年選手。だいぶ馴染んできたから、なくさないように気をつけなければ。

coat, belt, sneakers: LANVIN / knit: roberto collina / pants: LOEWE / glasses: THOM BROWNE EYEWEAR / socks: Tabio

coat: BURBERRY PRORSUM / hooded parka: Inpaichthys kerri / knit: DRIES VAN NOTEN / denim pants: DELUXE / glasses: THOM BROWNE EYEWEAR / belt: BEST MADE / gloves: BOTTEGA VENETA / socks: PRADA / boots: ANATOMICA×Alden

2月28日
SUNDAY

夕方から、友人宅に遊びに行った息子を迎えに出かける。ベージュ、グレー、白の組み合わせで品のよさと好感度の高さを狙ってみたが、ちょっと女性っぽいスタイリングになった(笑)。

2月29日
MONDAY

今年は閏年だった…ということに今日気づいた。まあ、特に感慨はないけど。1日多いからオフ、というわけにもいかないし。でも結果的に原稿の締め切りが1日延びたので、得した気分で飲む。

coat, scarf: VALENTINO / sweat shirt: HELLER'S CAFE / pants: Tapia LOS ANGELES / glasses: THOM BROWNE EYEWEAR / belt: BEST MADE / shoes: PALACE

coat: NVy by F.A.T / sweat shirt, scarf: VALENTINO / pants: LOEWE / glasses: THOM BROWNE EYEWEAR / belt, sneakers: LANVIN / socks: UNITED ARROWS

My Archive #06
GOOD LOOKING JACKET

眺めのいいジャケット

右は、今はなき「ラグビー」のNY店で買った、ヴィンテージのイギリスのスクールジャケット。左はコム デ ギャルソンがローリング・ストーンズをテーマにしたコレクションを発表したときのもので、有名すぎるロゴマーク「Tongue」とギャルソンならではのドット柄が重ねられている。アートピースの感覚で買ったから、ほとんど着ていない。ヴィンテージのジャケットも一回も着ていない。僕にとって「眺めて喜ぶための」ジャケットなのだ。

3
MARCH

　日本の3月はまだ結構寒い。でも春物が着たくなる。つまり、気候とちぐはぐなものが着たくなる月なのである。だから3月は、"寒い春"に立ち向かえるアイテムがどうしても必要になってくる。
　バラクータのG9は、9歳の頃に5歳上の兄が着ていたのを見て知った。裏地のチェックが印象的だった。当時兄が着ていたのはネイビーで、今僕が愛用しているのはタン。つい最近まで、僕にG9は似合わないと思って避けていたし、正直、今でも似合っているとは言いがたい。スティーブ・マックィーンや高倉健さんのアイコン的ジャンパーだということは知っていたが、なぜか興味がもてなかった。なのに、テレビで高倉健さんの追悼番組を見たら、タンのG9が突如として気になりだした。人が着ているのを見て着てみたいと思うなんて、これまでなかった。あ、映画『気狂いピエロ』でジャン＝ポール・ベルモンドが着ていたグレンチェックのスーツを真似して買ったことはあったな。でも、昔から知ってるけど興味がない服を、今さら着たいと思うことなんて皆無だった。それが健さんの番組でイメージが一新したのである。健さんの人となりにもあらためてシビれたし。
　原宿にある行きつけのセレクトショップ「キャシディ ホーム グロウン」でG9に遭遇したのは、番組を見た数週間後だった。僕を待ち構えていたかのように、色はタンでサイズは40。40はちょっと僕には大きいが、ワンサイズ大きいくらいのほうが健さんの着こなしに近いと思った。モード無用の潔いおっさんシルエットに惹かれた。このG9があれば、冷たい春風の吹く3月も平気な気がした。『ブラック・レイン』のラストシーンの健さんの笑顔（最高！）を胸に、颯爽と、そして不器用に、3月の街を歩こうと思う。

blouson: BARACUTA

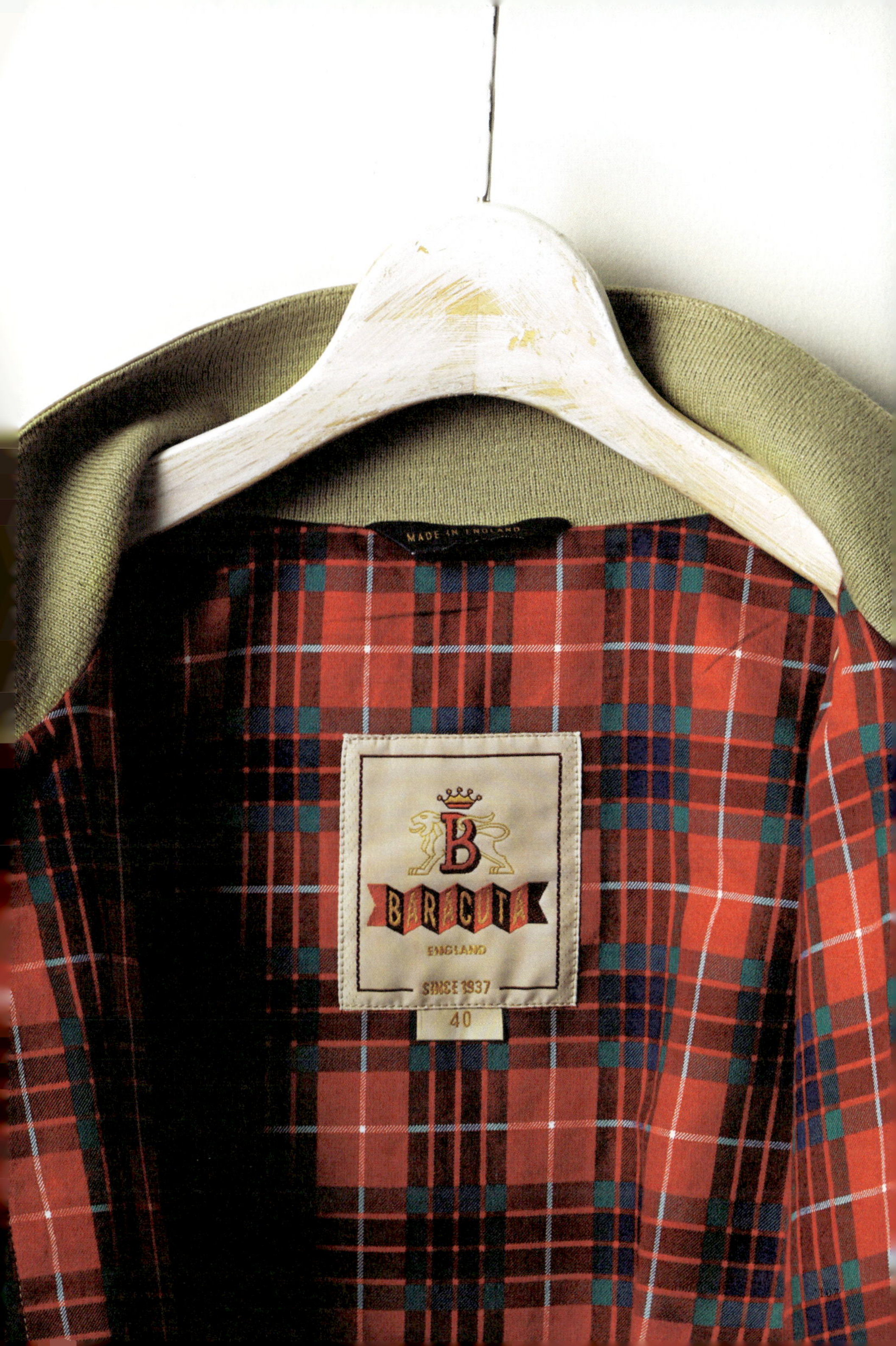
MADE IN ENGLAND
B
BARACUTA
ENGLAND
SINCE 1937
40

3月1日
TUESDAY

3月になった。気温はさておき、スタイリストとしては春らしさを出したくなってしまう。やっぱり白いパンツかな。ボーダーニットとドット柄のスカーフの配色をなにげに揃えてみた。

knit: PRADA / t-shirt: MUJI / pants: Care label / glasses: THOM BROWNE EYEWEAR / scarf: Budd / belt: BEST MADE / shoes: PALACE

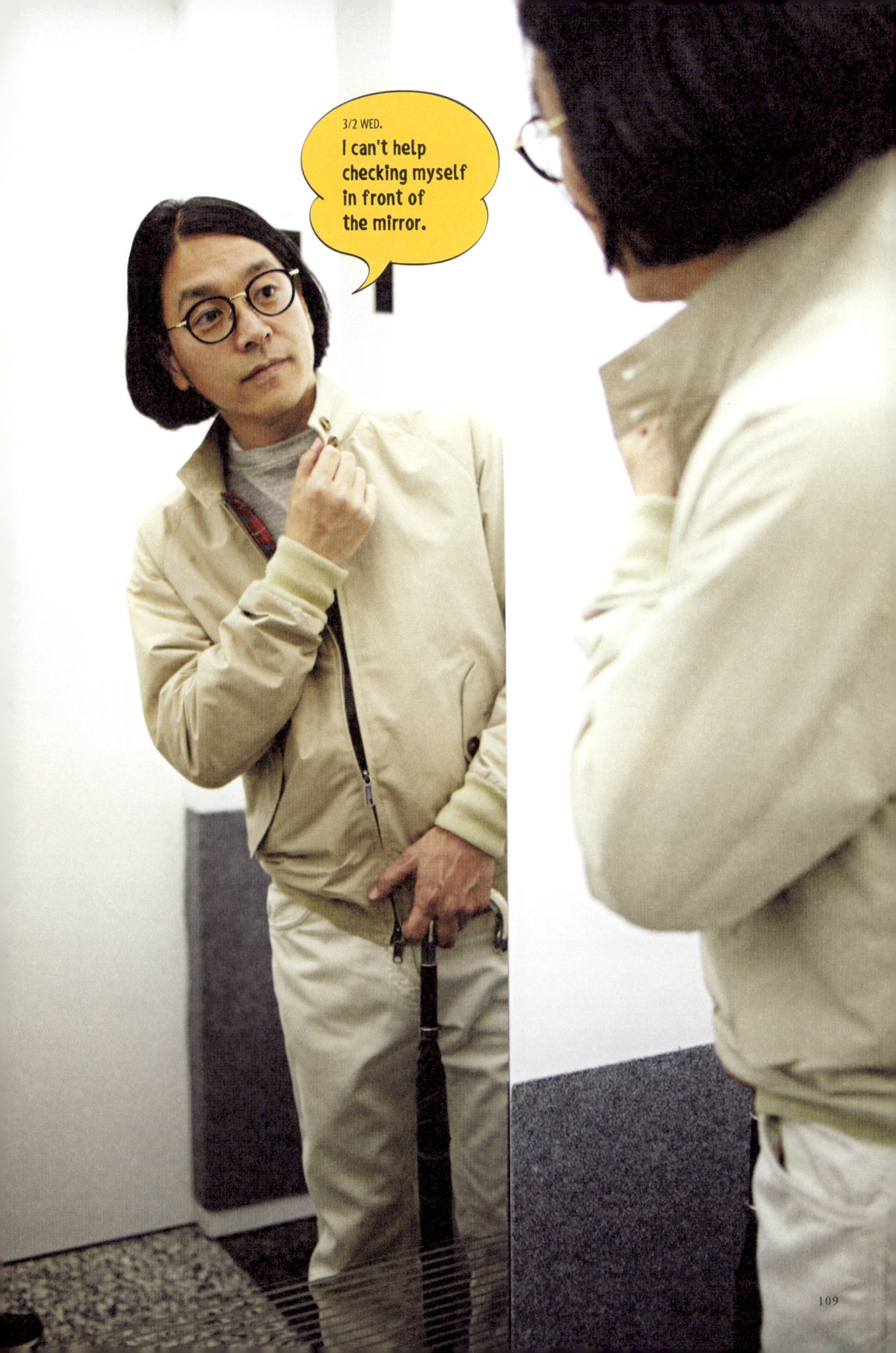
3/2 WED.
I can't help checking myself in front of the mirror.

3月3日
THURSDAY

これからしばらく、バラクータG9を着ることに決めた。この難しいブルゾンをモダンに着るには、白い上下との合わせが基本となる。着丈が短いから、ベルト選びのセンスも重要だ。

3月4日
FRIDAY

花粉症がひどく、仕事にならない。G9とラコステ、というド定番同士の合わせは、ひねりがないとただのオジサンだ。僕ならJ.クルーで購入した、アイゾット社の復刻版の「青ワニ」を選ぶ。

blouson: BARACUTA / knit: THE WHITE BRIEFS / pants: Care label / glasses: THOM BROWNE EYEWEAR / belt: TOM FORD / shoes: PALACE

blouson: BARACUTA / polo shirt: LACOSTE / pants : Tapia LOS ANGELES / sunglasses: GUCCI / belt: BEST MADE / shoes: PALACE

3月5日
SATURDAY

ヴァレンティノのボンディングTシャツと、ペイント加工のホワイトジーンズで昨日よりモードに転がした。ゴルフの打ちっ放しに行って黙々と練習。こういうときこそポロシャツは着ない。

3月6日
SUNDAY

シンガポールのラッフルズホテルで買ったTシャツ。バーテンダーがシェイクしている絵がかわいい。「Afterhours」でフルーツサンドでも食べようかと出かけたら定休日だった。残念。

blouson: BARACUTA / t-shirt : VALENTINO / pants: BEAMS × MEN'S NON-NO × TOMOKI SUKEZANE / glasses: THOM BROWNE EYEWEAR / belt: BEST MADE / shoes: PALACE

blouson: BARACUTA / t-shirt: RAFFLES HOTEL / pants: Care label / glasses: THOM BROWNE EYEWEAR / belt: TOM FORD / shoes: PALACE

3月7日
MONDAY

このネイビーチノは、ディッキーズみたいにワークっぽくならないのがいい。裾の処理は、ジャックパーセルかJ.M.ウエストンのゴルフと合わせることを想定して、ダブルのワンクッションに。

3月8日
TUESDAY

明日から撮影だが、花粉症は一向におさまらない。果たして集中できるか…不安がよぎる。野暮に見えがちなデニムジャケットは、タートルネックと合わせればクリーンなイメージに。

sweat shirt:HELLER'S CAFE / t-shirt: LEITH / pants: BARRY BRICKEN / glasses: THOM BROWNE EYEWEAR / belt: BOTTEGA VENETA / socks: UNITED ARROWS / sneakers: CONVERSE(JACK PURCELL)

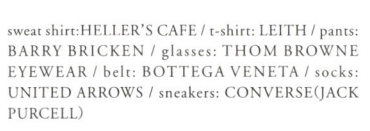

denim jacket: Care label / knit: THE WHITE BRIEFS / pants: Tapia LOS ANGELES / sunglasses: GUCCI / belt: BOTTEGA VENETA / socks: SKATERSOCKS / sneakers: CONVERSE (CHUCK TAYLOR)

3月9日
WEDNESDAY

結構動き回りそうな撮影なので、休日仕様のカジュアルなルックでスタジオ入り。ボッテガのトートは、荷物がたっぷり入るし手放せない。けっして軽くはないけど、それは僕には重要じゃない。

Something Extra #05

無印良品のTシャツは肌着として愛用中

最近、アンダーウェアとして着るTシャツは、もっぱら無印良品のクルーネックとVネックを愛用中だ。もともとニットやスウェットシャツの首元から、Tシャツがチラ見えするのが許せないタチなので、重ねる服のデザイン次第で2種類のネックを使い分けている。それにしても、下着としての機能というか、完成度は最高だ。生地の白さ加減もいいし、丸首の詰まり具合も文句ない（僕はキュッと詰まっているものが好き）。余談だが、サイズやコーション表記が織りネームではなくプリントなのも、チクチクしなくてナイス。

sweat shirt: HELLER'S CAFE / t-shirt: COS / pants: CORONA / glasses: THOM BROWNE EYEWEAR / belt: BEST MADE / sneakers: CONVERSE(JACK PURCELL) / bag: BOTTEGA VENETA

3月10日
THURSDAY

引き続き撮影。アダム キメル×カーハートのカバーオールは、ボタンを上まで留めて、襟を立てるとシャープな印象で着られる。撮影は無事終了。花粉症を忘れるくらい慌ただしかった。

3月11日
FRIDAY

昨日と同じカバーオール。実はリバーシブルで、裏地の黒がチラッと見えるだけで大人っぽい表情になる。さすがアダム・キメル。パンツはヴァレンティノのスラックスでシックに。

jacket: ADAM KIMMEL carhartt / knit: THE WHITE BRIEFS / pants: Tapia LOS ANGELES / sunglasses: GUCCI / belt: BOTTEGA VENETA / socks: SKATERSOCKS / sneakers: CONVERSE(CHUCK TAYLOR)

jacket: ADAM KIMMEL carhartt / t-shirt, pants: VALENTINO / glasses: THOM BROWNE EYEWEAR / belt: TODD SNYDER / socks: UNITED ARROWS / shoes: PALACE

3月12日
SATURDAY

昨日の夜は、久々に腰を据えて飲んだ。お酒が残っていたわけじゃないけど、NY土産に買ったZABAR'SのスーベニアTとGジャン、という危険な組み合わせにチャレンジ。

3月13日
SUNDAY

インナーとして着るのにいいなと思って買ったGジャンは、襟だけベルベットの切り替えに。上品なスラックスと合わせるのが王道だ。息子の希望により、「一風堂」でラーメンと餃子。

denim jacket: BURBERRY PRORSUM / t-shirt: ZABAR'S / pants: BEAMS×MEN'S NON-NO×TOMOKI SUKEZANE / glasses: THOM BROWNE EYEWEAR / belt: BEST MADE / socks: Tabio / sneakers: CONVERSE (CHUCK TAYLOR)

denim jacket: BURBERRY PRORSUM / polo shirt: LACOSTE / pants: VALENTINO / glasses: THOM BROWNE EYEWEAR / belt: TODD SNYDER / socks: UNITED ARROWS / shoes: PALACE

3月14日
MONDAY

今日はオーセンティックなGジャンを着たい気分。数年前、ロケで訪れた福生の古着屋さんで見つけた、Lee101Jのデッドストック。101Jは着丈が短くてルーズ。このゴワゴワ感がたまらない。

3月15日
TUESDAY

101Jは着丈が短いので、ニットが裾からどんどん飛び出す。それを意図的に楽しんでいるんだけど、昨日と違い、今日はもう少しピシッとしたパンツ。明日の三宅島ロケの準備が思ったより大変だ。

denim jacket: Lee / knit: lucien pellat-finet / tank: Rick Owens / pants: Tapia LOS ANGELES / glasses: THOM BROWNE EYEWEAR / belt: BEST MADE / socks: SKATERSOCKS / shoes: PALACE

denim jacket: Lee / knit: PRADA / t-shirt: THOM BROWNE. / pants: Care label / glasses: THOM BROWNE EYEWEAR / belt: BEST MADE / socks: SKATERSOCKS / shoes: PALACE

3月16日
WEDNESDAY

早朝から、三宅島に日帰りロケ。ダウンはめったに着ないけど、このコーデュロイのベストはなぜか勢い余って買ってしまった。この'70sな感じ、今着るには、なかなかいい。

down vest: Inpaichthys kerri / knit: lucien pellat-finet / t-shirt: CICATA / denim pants: Care label / sunglasses: CUTLER AND GROSS / belt: BEST MADE / socks: SKATERSOCKS / sneakers: CONVERSE(CHUCK TAYLOR)

3月17日
THURSDAY

三宅島の翌日は、軽井沢の別荘でロケ。得意のテニスルックで盛り上げる。テニスボーイはグッドボーイってイメージがあるので、あえてフレアジーンズでひとくせある着こなしにした。

knit: THOM BROWNE. / polo shirt: LACOSTE / denim pants: SAINT LAURENT / sunglasses: GUCCI / socks: SKATERSOCKS / sneakers: adidas by RAF SIMONS (STAN SMITH)

3月18日
FRIDAY

ダンヒルのジャケットを、カーディガン気分でラフに着る。Tシャツとパンツはキャシディで購入。特にTシャツはかなりのお気に入り。太いボーダー、小学生のときよく着てたなあ。

3月19日
SATURDAY

僕のフェイバリットシャツ。高いマオカラーで、タートルネックを着ているよう。色違いで、オリーブも購入した。気持ちが締まる贅沢なシャツを着て、彼女と末廣亭の寄席へ。

jacket: dunhill / t-shirt: LEITH / pants: Tapia LOS ANGELES / glasses: THOM BROWNE EYEWEAR / belt: BEST MADE / socks: SKATERSOCKS / shoes: PALACE

jacket: dunhill / shirt: PRADA / denim pants: Care label / glasses: THOM BROWNE EYEWEAR / belt: BEST MADE / socks: UNITED ARROWS / shoes: PALACE

My Archive #07
BRUCE WEBER

一度も着ていないブルース・ウェーバーT

フォトプリントのTシャツは、確か'80年代後半からはやっていたと思う。僕は1989年、NYでブルース・ウェーバーの「let's get lost」Tシャツを買ったのが初めてだった。最近、新品のものが45万円でネットで売られていてびっくりしたが、僕のはとっくの昔に行方不明である。これはそのブルース・ウェーバーが最初に作ったフォトT。京友禅の老舗「千總」の着物デザイナー、杉本モンタさんにいただいたとても大切な一枚だ。もちろん未着用。

3月20日
SUNDAY

今日は一日中屋外。G9のフロントを開けることはまずないだろうから、中に着たブルーのシャツの襟を立てて、チラ見せしてみた。お供に持ったのは忌野清志郎の『瀕死の双六問屋』。

blouson: BARACUTA / shirt: MARNI / pants: Care label / glasses: THOM BROWNE EYEWEAR / belt: RUGBY / shoes: PALACE

3月21日
MONDAY

マーク・JのGジャンは、実はセットアップで買ったもの。黒のボタンなど、ディティールが洗練されている。オーセンティックな着こなしにはこれくらいモダンなデザインのほうがいい。

denim jacket: MARC JACOBS / shirt: THOM BROWNE. / pants: Tapia LOS ANGELES / glasses: THOM BROWNE EYEWEAR / belt: BOTTEGA VENETA / socks: SKATERSOCKS / shoes: PALACE

3月22日
TUESDAY

G9をマルニのタッターソールシャツと合わせるときは、裏地のチェックと重なってトゥーマッチになるから、ジップを上まで閉めて着る。今日はだいぶ暖かくなってきた。

3月23日
WEDNESDAY

2日前の着こなしをベースに、シャツとベルトだけ替えた。ランバンのギンガムチェックシャツをタックインして、少しドレッシーなイメージで。Gジャンの前は開けても閉めても、どっちでも。

blouson: BARACUTA / shirt: MARNI / pants: Care label / glasses: THOM BROWNE EYEWEAR / belt: BOTTEGA VENETA / socks: SKATERSOCKS / shoes: PALACE

denim jacket: MARC JACOBS / shirt: LANVIN / pants: Tapia LOS ANGELES / sunglasses: GUCCI / belt: BEST MADE / socks: SKATERSOCKS / shoes: PALACE

3月24日
THURSDAY

急に寒さがぶり返してきた。でも今さら重たいコートを着る気にはなれない、そんなとき、重宝するのがレザージャケットだ。選んだのはロエベ。同じくロエベのジーンズでシンプルに。

3月25日
FRIDAY

よく驚かれるけど、朝は早起きなのが自慢。自宅では6時45分に朝食と決まっているのだが、今日は代々木公園の「365日」に食べに行く。基本、朝は和食派。でもここのパンは本当においしい。

blouson, denim pants: LOEWE / sweat shirt: HELLER'S CAFE / glasses: THOM BROWNE EYEWEAR / scarf: DOLCE & GABBANA / belt, sneakers: LANVIN / socks: Tabio

blouson: LOEWE / t-shirt: THOM BROWNE. / denim pants, belt, sneakers: LANVIN / hat: UNUSED / glasses: THOM BROWNE EYEWEAR / socks: UNITED ARROWS

… # ## 3月26日
SATURDAY

富ヶ谷から東急本店へと抜ける通りに、最近雑貨屋など面白そうなお店が増えてきた。そこらを物色しつつ、「フグレン」でコーヒー休憩。来週の撮影のコーディネートイメージを詰める。

3月27日
SUNDAY

白金台の庭園美術館が好きなので、ふらりと行ってきた。昨日のアーシーなトーンとうってかわって、クリーンなカラートーンで構成。思いきってローファーを素足で履いた。

blouson: LOEWE / t-shirt: LEITH / pants: CORONA / glasses: THOM BROWNE EYEWEAR / belt: BEST MADE / socks: UNITED ARROWS / sneakers: CONVERSE(JACK PURCELL)

blouson: LOEWE / sweat shirt: VALENTINO / pants: BEAMS×MEN'S NON-NO×TOMOKI SUKEZANE / glasses: THOM BROWNE EYEWEAR / scarf: vintage from Netherlands / belt: BEST MADE / shoes: PALACE

3月28日
MONDAY

午前中はノート片手に代々木上原周辺をロケハン。プラダのシェトランドセーターは上質な糸を使っているから、さすがに軽くて着心地がいい。編みがゆるいので、春っぽく着られるのが特徴。

3月29日
TUESDAY

撮影は無事終わり、夕方は慣れない女性誌の編集部で打ち合わせ。とりあえず、スラックスにダブルのジャケット、白のボタンダウンシャツ。「好感度」という点では間違いなかろう。

knit: PRADA / shirt: MARNI / pants: BARRY BRICKEN / glasses: THOM BROWNE EYEWEAR / belt: TODD SNYDER / socks: UNITED ARROWS / shoes: PALACE / bag: LOEWE

jacket: SAINT LAURENT / shirt: THOM BROWNE. / pants: VALENTINO / glasses: THOM BROWNE EYEWEAR / belt: TODD SNYDER / socks: SKATERSOCKS / shoes: PALACE

3月30日
WEDNESDAY

ブルーのシャツ、チルデンニットの爽やかなコーディネートに、あえてマックイーン展のスカルのスーベニアバッグを合わせる。ようやく春の陽気になってきたみたいだ。

3月31日
THURSDAY

振り出しに戻る(笑)。ちょうど半年前と同じ服。靴だけジャックパーセルから、お気に入りのローファーに履き替えた。最後につけ加えると、3月は毎日、マスクを着用していたのだった。

shirt, knit: THOM BROWNE. / pants: BARRY BRICKEN / glasses: THOM BROWNE EYEWEAR / belt: BOTTEGA VENETA / socks: UNITED ARROWS / shoes: PALACE / bag: Alexander McQueen

denim jacket, denim pants: MARNI / t-shirt: VALENTINO / glasses: THOM BROWNE EYEWEAR / belt: BEST MADE / socks: UNITED ARROWS / shoes: PALACE

125

おわりに

　2015年夏。僕はNYの街を、素敵なドレスを着た日本人女性と歩いていた。すると、おしゃれな老女が駆け寄ってきて、「あなたのドレス、素敵ね！　どちらの？」と訊いてきた。日本人女性は一瞬戸惑いながらも、「シャネルです」と答えた。老女は「まあ素晴らしい。さすがシャネルね」というようなことを言いながら去っていった。まるで映画のワンシーンのようなひとときであった。

　僕にも似たような経験がある。例えば先日、僕はパリの街角で見知らぬフランス人に呼び止められた。彼の目線は、僕がかぶっていた帽子にくぎづけだった。「その帽子はどこで買ったの？」と彼。「これは日本で買ったんだけど、NYのブランドで〈エンジニアド ガーメンツ〉っていうんだよ」と僕。すると彼は、ブランドネームを携帯で撮りたいと言うので、帽子を脱いで渡した。撮りながら彼は、「来週からバカンスなんで、こういう帽子が欲しいんだよね…」とブツブツ独り言をつぶやいていた。…こんなことが何度もあった。

　そういえば昔、「ファッションはコミュニケーションツールなんだよ」と、あるファッションデザイナーに教えられた。当時はどういう意味なのかさっぱりわからなかったが、今ならわかる。ファッションはただ暑さ寒さをしのぐ実用品ではなく、ましてや富の顕示のためにあるのでもない。それを通して、言葉も肌の色も違う人々が互いに興味をもち、コミュニケーションを図り、親交を深めることさえできる、極めて平和的なツールといえなくはないか。考えてみれば、着るものにはその国、その民族の文化が詰まっている。世界は極端に狭くなったが、それでも知らないことが山のようにある。そんな互いの「知らないこと」に興味をもち、理解することから希望が生まれたりするのだと思う。

　さて、この本では10月から３月のいわゆる〈秋冬〉スタイリングを見ていただいた。ということは、もちろん４月から９月までの〈春夏〉編も控えております。これからじっくり春夏のスタイリングプランを練り上げますので、しばしお時間をいただければ幸いに存じます。それまでどうぞ、この本を熟読くださいますよう、お願い申し上げ候。

祐真朋樹 すけざねともき

1965年1月25日、京都市生まれ。(株)マガジンハウス「POPEYE」編集部でエディターとしてのキャリアをスタート。現在は「UOMO」「Casa BRUTUS」「GQ JAPAN」「ENGINE」などのファッションページのディレクターを務めるほか、アーティストやミュージシャンの広告、ステージ衣装のスタイリングを手がけている。パリとミラノのメンズコレクション取材歴はかれこれ25年以上。

撮影	西澤 崇　長友善行 (aosora)
ヘア&メイク	樅山 敦
デザイン	吉村 亮　真柄花穂　大橋千恵 (Yoshi-des.)

祐真朋樹の衣装部屋へようこそ
Welcome to my closet ! Autumn - Winter

2015年9月29日　第1刷発行

著者	祐真朋樹
発行人	日高麻子
発行所	株式会社 集英社
	〒101-8050　東京都千代田区一ツ橋2-5-10
電話	編集部 03-3230-6038
	販売部 03-3230-6393 (書店専用)
	読者係 03-3230-6080
印刷所	大日本印刷株式会社
製本所	ナショナル製本協同組合

定価はカバーに表示してあります。本書の一部あるいは全部を無断で複写・複製することは、法律で認められた場合を除き、著作権の侵害となります。
また、業者など、読者本人以外による本書のデジタル化は、いかなる場合でもいっさい認められませんのでご注意ください。
造本には十分注意しておりますが、乱丁・落丁(本のページ順序の間違いや抜け落ち)の場合にはお取り替えいたします。購入された書店名を明記して、小社読者係宛にお送りください。送料は小社負担でお取り替えいたします。ただし、古書店で購入したものについてはお取り替えできません。

©Tomoki Sukezane　2015 Printed in Japan　ISBN978-4-08-780768-4　C2076